Pèlerin de l'espérance

Maurice Zundel

Pèlerin de l'espérance

2e impression

ANNE SIGIER

Édition

Éditions Anne Sigier
1073, boul. René-Lévesque Ouest
Sillery (Québec) G1S 4R5

En couverture

Motor-Presse International/Superstock

ISBN

2-89129-281-2

Dépôt légal

Bibliothèque nationale du Québec
Bibliothèque nationale du Canada
1er trimestre 1997

Distribution en France et en Belgique par Anne Sigier – France
Distribution en Suisse par les Éditions Saint-Augustin

Imprimé au Canada

Préface

Ces billets du bulletin de la paroisse du Sacré-Cœur, à Lausanne, auraient pu rester ignorés du grand public. Seule, en effet, en subsistait une collection presque complète des années concernées (1947-1974) dans un grenier du presbytère.

Ils n'étaient évidemment pas destinés à une publication ultérieure, d'autant plus que nombre d'entre eux étaient occasionnels et d'une actualité dépassée. Personne, semble-t-il, n'avait l'idée d'aller les consulter, à supposer qu'on en connaisse l'existence.

Néanmoins, en 1997, à l'occasion du centenaire de la naissance de leur auteur, Maurice Zundel, leur réédition présente encore maintenant un réel intérêt.

En effet, la plupart de ces billets correspondent à un moment de l'année liturgique toujours d'actualité : l'avent, Noël, le carême, Pâques, la Fête-Dieu et la première communion des enfants, l'Assomption, la Toussaint...

Mais plutôt que de suivre l'ordre chronologique, année par année, il a semblé préférable de regrouper les articles par thèmes. Ainsi, dix-sept billets sur Noël ont été groupés. On aurait alors une vue plus significative et approfondie de leur richesse et de leur variété.

À ces billets liturgiques s'ajoutent de nombreux autres articles de circonstance. On y retrouve de toute évidence la préoccupation majeure de Maurice Zundel tout au long de sa vie : affirmer haut et fort, tant par sa parole que par ses écrits et par son comportement quotidien, que seule l'intimité avec le Christ, « plus intime à moi-même que moi-même », au sein du mystère trinitaire, nous apporte la vérité et la vie en même temps que le bonheur.

On pourra noter par exemple le billet de septembre 1953 : *La Suisse cherche son âme*, auquel a été joint un texte non situé, apparemment inédit, qui s'y rapporte et que chacun peut toujours faire sien avec profit. Il s'adresse aux membres d'un cercle de la paroisse ; il pourrait s'intituler : *Il n'est plus temps de vivoter.*

Mais de nombreux autres billets s'inspirent aussi du contexte politique et social. Ils nous invitent de la même façon à une réflexion profonde et salutaire, en particulier sur le thème central de la paix à l'occasion de conflits dramatiques comme en Hongrie, après l'échec de son insurrection (*cf.* le billet intitulé *Nos frères hongrois*).

On remarquera enfin, au milieu de beaucoup d'autres enseignements, toute la délicatesse et toute la tendresse de Maurice Zundel dans ses multiples relations.

Notons par exemple le témoignage de son amitié avec Mgr Ramuz, un des rares prêtres qui l'aient compris et soutenu de son vivant. Il en est de même d'un autre hommage envers Mgr Henri Ferrero, son ami commun avec Paul VI. Sans oublier l'admirable *Lettre du clochard,* pleine de poésie, d'humour et de cœur à l'occasion de la mort de Mgr Ramuz. Et aussi la très belle homélie sur la sépulture de l'abbé René Pruvost.

Le lecteur pourra donc à son gré s'arrêter à tel ou tel billet dont la densité et le message chaleureux portent particulièrement à la méditation. Il pourra aussi, par une vision plus globale, parcourir l'ensemble pour partager dans une rencontre intérieure la vie passionnée de Maurice Zundel, pour s'efforcer de se rendre comme lui toujours plus présent au monde des hommes, en s'identifiant chaque fois avec le Christ, à genoux avec lui devant quiconque, dans une intense communion toute d'humilité, de partage et d'amour.

Malgré son absence de composition, on espère que ce livre pourra émouvoir et faire vibrer tous ceux qui cherchent un sens à leurs activités et à leur vie.

Les paroissiens de l'église du Sacré-Cœur d'Ouchy seront certainement heureux d'y retrouver ou d'y découvrir la présence renouvelée de Maurice Zundel, lui qui s'y est tant donné, pendant tant d'années, au point de prêcher souvent aux sept messes d'un même dimanche, avec des homélies toutes différentes et toutes improvisées ! On imagine la ferveur de celle qui eut l'audace de venir les enregistrer en s'introduisant discrètement près de la chaire à ces sept messes. C'est en partie grâce à elle que furent plus tard publiés les deux livres posthumes d'homélies *Ta Parole comme une Source* et *Ton Visage, ma Lumière.*

La réédition de ces billets est un humble moyen de rendre hommage à Maurice Zundel, lui qui savait si bien les rendre à combien d'autres.

Car « Je est un autre » (Rimbaud).

Bernard de Boissière, s.j.
Paris 6 décembre 1996

Il est venu
parmi nous

Noël de paix?

Y A-T-IL un langage commun qui permette aux hommes de s'entendre ? On le cherche en vain dans tous ces discours et dans tous ces journaux qui s'accusent mutuellement d'assassiner la liberté. Comment, d'ailleurs, parlerait-on le même langage sans admettre une commune valeur, sans adhérer à un même bien ?

Mais y a-t-il une valeur commune capable d'unir les hommes dans l'amour du même bien ?

Un ancien capitaine soviétique, Koriakoff, raconte que, fait prisonnier dans les derniers jours de la guerre, il fut giflé par un capitaine nazi qui l'accusait, sans preuve, d'avoir outragé les femmes allemandes. Une fermière dont, le matin même, il avait protégé les filles contre une brutale agression, accourut pour lui rendre témoignage et rétablir la vérité. Alors, un colonel allemand, qui avait assisté impassible à toute la scène, se baissa pour ramasser les lunettes que le soufflet avait fait choir et les rendit silencieusement à l'officier captif.

Il est impossible de lire ce récit sans éprouver le changement de plan qu'il annonce, tandis que deux consciences se rejoignent au niveau de leur humanité. En un instant, toutes les frontières sont abolies et toutes les haines, surmontées. Devant l'innocence insultée, *l'humain* se réveille en l'ennemi et il fait hommage de lui-même à *l'humain* qui se révèle dans le prisonnier. À cette hauteur, l'accord devient possible en l'échange d'une même valeur qui est à la fois intérieure et supérieure à l'un et à l'autre. Et c'est bien là la seule conversation qui puisse unir cette Présence soudainement reconnue, et dont chacun sent qu'elle est le Bien suprême et qu'il en est responsable.

Le mystère de Noël confirme divinement cette intuition où gît tout le secret de notre humanité : la Parole est Quelqu'un dont l'enfantine fragilité est confiée à notre amour et doit être défendue contre tous les égoïsmes qui nourrissent la haine et engendrent la guerre.

La paix ne peut venir que de cette volonté de protéger le Bien le plus menacé et que peuvent seuls révéler et communiquer la droiture de la vie et le rayonnement de la bonté.

La révolution ou la contre-révolution ne doivent pas nous faire perdre de vue les assises tout intérieures du problème humain. Si nous ne sommes pas prêts à nous donner et à tout donner, notre prétendu christianisme sera, tout ensemble, le reniement de l'homme et de Dieu. En nous effaçant, au contraire, en la Valeur qui est l'unique Parole de réconciliation, nous sauverons à la fois l'homme et le Trésor infini dont toute conscience a le dépôt.

Noël nous apparaît ainsi comme une mise en demeure qui engage tout le destin de l'humanité : c'est à nous de décider si le Verbe encore prendra chair et s'il habitera parmi nous.

Janvier 1948

Noël aujourd'hui

IL Y A une vieille histoire qui a la saveur de la plus bouleversante actualité. Deux femmes se disputent un enfant que chacune revendique comme sien. L'une affirme que l'autre le lui a volé pendant qu'elle dormait, en lui mettant dans les bras un enfant mort qui n'était autre que le fils de la voleuse. Le roi Salomon les écoute silencieusement. Chacune traite l'autre de menteuse : « C'est ton enfant qui est mort et c'est le mien qui est vivant. » La dispute pourra s'éterniser dans cette monotone redite que les mégères poussent à l'aigu pour se faire mieux entendre. Il y a un enfant vivant. Voilà le seul fait incontestable. Mais à qui le donner, puisque leur parole est le seul argument et qu'elle est oui et non tout à la fois ? La seule solution équitable est d'en attribuer une moitié à chacune, en faisant jouer la bonne épée du roi : « Qu'on le coupe en deux. » L'une consent à cet effroyable partage, l'autre se récrie : « Qu'elle le prenne, mais qu'on lui laisse la vie. »

Celle-ci est sa mère qui l'aime plus que soi-même et qui est prête à s'en séparer pour qu'il demeure vivant.

Quelle grandeur dans cette femme, qui vendait sa luxure (puisque telle était sa condition) et quelle foi dans la valeur de la vie, dans le trésor caché sous la fragilité de cet enfant qu'elle voulait sauver par le sacrifice d'elle-même. Certes, elle ne songeait pas à immoler sa maternité à l'égoïsme monstrueux de sa rivale qui venait de donner la mesure de sa cruauté. Alors à quoi vouait-elle son héroïque générosité, sinon à quelque chose de plus grand qu'elle-même et de plus précieux que son bonheur, dont elle percevait, en son enfant, l'inexprimable possibilité.

Après une attente de dix siècles, l'Enfant de Bethléem donnera raison aux intuitions prodigieuses de la pécheresse magnanime. Le secret de notre vie, n'est-ce pas Dieu qui la vit en nous, communiquant la sienne ? Ainsi, ce meilleur qu'elle-même pour qui cette femme se renonçait, c'était sans qu'elle le sût, cette Présence même que Marie adore en Jésus. L'homme se trouve, enfin, dans l'identité mystérieuse du fils de l'homme et du Fils de Dieu. Il y a plus que lui-même en lui et c'est toute la réalité divine qui constitue le trésor de son intimité.

Voilà l'Évangile éternel où notre temps puisera son unique espérance. Tous nos horizons sont clos, tous nos lendemains sont menacés, tous nos efforts semblent vains dans ce monde où l'homme consacre le meilleur de ses énergies à combattre l'homme. Mais il reste toujours ceci qui est l'essentiel : c'est *au-dedans de soi* que chacun décide de sa valeur. La vraie vie commence avec le don qui engendre l'espace où l'amour respire. Celui qui aime un meilleur que soi, au plus intime de soi, devient le rayonnement du Bien infini avec lequel il s'identifie. Car c'est une seule et même chose que Dieu naisse et que l'homme soit.

Le Noël de Bethléem est le centre de l'histoire, mais il ne peut nous atteindre que s'il devient le centre de *notre* histoire, que s'il devient un « Noël aujourd'hui ».

Janvier 1949

L'espoir de l'avent

LE SPECTACLE du monde n'a rien de réconfortant. Des millions d'exilés et de prisonniers perpétuent, sans espoir, le martyre de la dernière guerre et, déjà, les états-majors envisagent une nouvelle catastrophe où toutes les ressources de la science pourront être mobilisées pour le carnage. Comment les hommes, destinés tous à être victimes d'un conflit qui embrasera toute la terre, demeurent-ils, dans l'ensemble, inertes et passifs, comme s'ils n'étaient pas conscients du danger ?

Ne veulent-ils pas ou ne peuvent-ils pas se sauver ?

Il semble, en effet, qu'ils ne le puissent pas, parce qu'il leur est pratiquement impossible de ne pas appartenir à l'un ou à l'autre des groupes qui n'ont aucun *lien* commun, parce qu'ils ne se reconnaissent aucun *bien* commun.

Il n'y aurait donc rien à faire, et nous serions réduits à attendre que la machine infernale se mette en branle ?

Nous ne le pensons pas. Nous croyons qu'il y a une issue, et c'est de *dépasser* l'homme, ce qui est d'ailleurs le seul moyen de le trouver, car l'homme *est* dépassement.

Mais l'expérience prouve que l'homme ne se délivre de soi que dans une explosion de *générosité* : quand il ne peut faire moins que de donner tout ce qu'il est. Mais pour cela, il faut qu'il se sente nécessaire à quelqu'un qui se livre tout entier à sa générosité.

C'est là justement le secret de l'avent qui fait luire, déjà, à l'horizon de notre âme, la fragilité du Dieu-Enfant.

« Pourquoi les aimons-nous, nos tout-petits, me disait une mère, sinon parce qu'ils ont un tel besoin de nous. »

Ainsi l'homme sera sauvé quand il ne voudra plus sauver, en soi, que la *Présence infinie* qui est le secret le plus personnel de chacun et le seul vrai bien commun de tous.

Janvier 1950

Le Dieu-Enfant

POUR LA PLUPART des hommes et des femmes que les soucis de la vie matérielle écrasent, la seule chance de s'élever au-dessus de l'horizon quotidien est l'émoi qu'ils éprouvent devant le petit enfant issu de leur chair. Il y a dans cette fragilité un mystère qui les saisit aux entrailles, en éveillant en eux les plus hautes sources de générosité.

Le terroriste russe Kaliayev, chargé de tuer le grand duc Serge, en 1905, renonça, une première fois, à son attentat, parce que des enfants se trouvaient dans la voiture. Son cœur fit fléchir ses principes et il préféra manquer son coup plutôt que de massacrer des innocents dont les visages respiraient la joie de vivre. Un petit enfant, en effet, est une espèce d'otage divin dont la faiblesse même désarme la férocité la plus résolue. Ou bien l'on n'a plus affaire avec des hommes.

Le miracle de Noël est de nous mettre en face du Dieu-Enfant qui ne fait appel qu'à notre générosité. Ce n'est plus un maître qui fait peur, c'est un Amour qui sollicite le nôtre.

Tout le sens de la création est changé par cet avènement. Elle ne peut plus s'imposer au-dehors comme un événement étranger. Elle est le dialogue des fiançailles où le « oui » de Dieu a besoin du nôtre pour obtenir son effet.

Le mot de Graham Greene trouve ici sa plus haute justification : « Aimer Dieu, c'est vouloir le protéger contre nous-mêmes. »

Le Dieu-Enfant est remis entre nos mains comme Il était confié à Sa Mère, pour vivre en nous : comme le grand secret d'amour où notre existence respire et où le monde trouvera la paix qu'aucune diplomatie n'est capable de lui donner.

Janvier 1952

Le sourire de Noël

QUELLE MÈRE pourrait oublier le premier sourire de son enfant : cette réponse de lumière, à l'interrogation de sa tendresse, où l'âme offre son mystère à travers le visage transfiguré ?

Fera-t-elle autre chose toute sa vie que de scruter ce mystère avec le regard de son amour? Mais il lui échappera le plus souvent. Bientôt victime de ses passions, l'enfant en portera le masque douloureux, anonyme, qui le rend étranger à lui-même et opaque à autrui.

Et pourtant, la mère ne cessera de chercher, sous ces traits que les années durcissent, la trace du secret dont le premier sourire fut l'inoubliable révélation. Elle sait que là est la vérité de son enfant et elle lui fait crédit dans les jours innombrables où il s'acharne à l'oublier. Quoi qu'il fasse, il vaut infiniment plus cher qu'il ne paraît: à cause de ce trésor caché en lui qui a été la flamme de son premier regard. Elle le voudrait transparent, comme alors, à ce royaume intérieur où le cœur a son reposoir. Elle espère toujours le retour de cette Présence dont elle a perçu dans ses yeux la puissance et la fragilité.

Chaque mère porte ainsi dans son cœur la nostalgie de Noël. Qu'est-ce que Noël, en effet, sinon l'enfance éternelle du Visage dont la transparence communique, sans jamais le voiler, le sourire de l'amour: le sourire qui est Dieu.

Janvier 1954

Le cadeau de Noël

QUE DEMANDE à l'enfant nouveau-né la famille émerveillée qui se presse autour de son berceau ? Rien d'autre que d'exister. Il suffit qu'il existe pour que chacun se sente comblé.

Si l'on allait jusqu'au bout de cette intuition dont toute mère éprouve la vérité dans le miracle du tout-petit qui remplit ses bras d'un univers aussi précieux qu'il est fragile, on en conclurait que la grandeur de l'homme est en lui-même et qu'il agit réellement dans la mesure où il *existe.*

Mais pour l'adulte, il ne suffit pas d'être là pour exister. On peut être là, en effet, comme un *parasite,* et s'arranger pour se faire porter par les autres, en grignotant leur travail, leur santé, leur jeunesse ou leur bonheur.

On peut être là, au contraire, comme un *créateur,* dont la seule présence suscite la joie, ouvre l'espace, renouvelle et ennoblit la vie.

Parasite ou créateur : il faut choisir.

Personne ne voudrait, assurément, que son miroir lui renvoyât l'image du parasite qu'il rougirait d'être, s'il se pouvait voir dans cette humiliante posture. Mais, il n'est qu'une seule manière d'échapper au parasitisme, c'est de faire de tout son être un don, un *cadeau,* un présent. C'est à ce prix que l'on devient une présence réelle, une existence authentique, qui éclate comme la musique silencieuse où le cœur reconnaît la voix de son amour.

Et qu'est-ce que Noël, justement, sinon la révélation du *Don* qui est Dieu, en l'enfant de Bethléem où Il se livre à l'humanité, et l'appel, adressé à chacun de nous, à devenir ce qu'Il est dans une existence du pure générosité.

Tel est le merveilleux cadeau de Noël : pouvoir exister *librement* en faisant de nous-mêmes le cadeau qui comble les autres, en retour du cadeau que Dieu nous fait de Lui-même, dans la fragilité de l'enfance déjà marquée du signe de la Croix qu'Il confie à notre amour, qu'Il remet entre nos mains.

Janvier 1956

Noël en croix

Un Noël ouaté de neige et de cadeaux, avec des enfants extasiés devant l'arbre illuminé qui éveille les vieux cantiques dont la douceur embue les yeux de rêves nostalgiques : n'est-ce pas là un mythe cruel devant la réalité sanglante qui broie sous des chars de fer les peuples qui refusent l'esclavage, en mettant plus haut qu'une existence concentrationnaire la dignité humaine qu'ils affirment héroïquement dans la mort, la prison, la déportation ou l'exil ?

Que peut signifier ce conte de Noël pour les victimes qui ont péri, pour ceux qui les pleurent sur un sol étranger ou pour les vaincus, condamnés sur place à une tyrannie plus implacable ?

Mais justement, ce n'est pas un conte, et la légende sentimentale que nous avons fait du premier Noël en est simplement la caricature. Le premier Noël, en effet, est l'offertoire du Calvaire. L'innocence divine saigne dans l'innocence humaine, saigne plus encore dans toutes les blessures que se fait et que fait aux autres la férocité de la brute humaine. Jésus vient au monde pour cette mystérieuse substitution dont un Gandhi devait, à sa manière, retrouver l'exigence, quand il jeûnait pour les violences de ses partisans ou pour celles que la domination ennemie infligeait à son peuple.

Qu'est-ce que la dignité humaine, aussi bien, sinon le Trésor infini confié à toute conscience humaine comme la charge de générosité qui livre à son arbitrage la vie divine dont chacun de nos choix peut éteindre ou révéler la présence. Comment Dieu serait-il absent de ce combat pour la liberté dont il est le centre et l'enjeu, dont il est la première victime en toute victime, et le premier triomphateur quand, par bonheur, l'homme parvient à faire de lui-même un espace de lumière et de bonté où le visage de l'éternel Amour peut enfin respirer ?

Frappé le premier par tous les coups qui s'abattent sur l'innocent, blessé plus cruellement encore dans la brute qui les porte, comme une mère dans un fils indigne : tel est le Dieu désarmé qui vient chercher l'homme dans la fragilité d'un Enfant sans toit et bientôt voué à l'exil, comme il est déjà promis au Calvaire.

Le premier Noël est en croix.

C'est pourquoi le chrétien est nécessairement du côté des victimes pour porter et panser leurs blessures, mais aussi du côté de la brute pour expier ses crimes dans la substitution qui veut que ce soit toujours la Mère – la Mère divine – qui paie de sa personne et dans sa personne : la faute de l'enfant dénaturé qui la couvre de honte et de sang.

Janvier 1957

L'espérance de Noël

EST-CE que l'Amour aura le dernier mot ? C'est la question qu'il est impossible de réprimer en cette fin d'année où la compétition atomique a atteint l'étape décisive qui fait de l'énergie nucléaire la seule arme efficace dans le conflit où s'opposent les deux moitiés du monde. L'humanité va-t-elle périr par la folle décision, de quelque côté qu'elle vienne, d'en finir une bonne fois par l'anéantissement de l'adversaire ? La fin de l'histoire serait-elle provoquée par une faute planétaire qui nous engloberait tous comme son commencement s'enténèbre dans la faute originelle ?

Se peut-il que le mal triomphe et que Dieu abandonne à la haine cette terre où saint François découvrait à chaque pas l'empreinte de Son visage ?

Comment la foi pourrait-elle résister à une telle épreuve et nourrir une quelconque espérance dans une catastrophe qui ferait conclure à l'absence ou à l'impuissance de Dieu ?

C'est l'angoisse de Pierre au lavement des pieds, c'est son drame à l'heure du reniement : comment admettre l'humiliation et l'échec de Dieu ! Il ne comprendra que plus tard, dans la lumière pascale, que mourir d'amour, c'est vaincre la mort.

Le mystère de Noël prélude à cette découverte paradoxale, en axant sur la fragilité d'un nouveau-né, sans abri, le salut promis et attendu comme le suprême espoir de l'homme et de l'univers. La puissance change de signe. Elle ne consiste plus à dominer en pliant tout à son empire, *elle est le pouvoir de se donner* où la liberté révèle son vrai visage. Celui qui donne sa vie, en effet, est délivré de toute crainte comme il est délié de toute servitude. Il n'attend plus que la terre le porte, que la société le protège et l'enracine dans sa biologie, comme un enfant rivé au sein maternel et incapable d'une vie autonome et créatrice. C'est lui qui porte le monde et l'humanité dans l'élan où la grâce triomphe de sa pesanteur, en faisant de tout son être une offrande qui éternise sa présence au moment même où il semble tout quitter, comme cela éclate, précisément, dans la mort de saint François.

C'est ainsi que la Croix poursuit sa marche victorieuse et que Dieu nous donne sa réponse dans les martyres, les témoins, qui découvrent, en décollant d'eux-mêmes, que sa puissance n'est rien d'autre que son amour : le don qu'il fait de soi, le don qu'*il est.*

Telle est l'espérance de Noël : il n'est qu'une manière de sauver la vie, c'est de la donner.

L'amour seul peut, en effet, la soustraire aux dépendances cosmiques qui en font un fragment d'univers, et lui conférer la dignité personnelle où elle devient source et origine, lumière et valeur. C'est pourquoi il n'est pas illusoire de penser qu'Il aura le dernier mot, *si nous le voulons*, puisque aujourd'hui, comme à n'importe quel moment de l'histoire, l'amour seul est plus fort que la mort.

Janvier 1958

Le vrai Noël

NOËL EST entouré de légendes, où l'imagination se satisfait d'émouvoir la sensibilité. Noël scintille de toutes les bougies qui font briller les yeux des enfants devant l'arbre miraculeux où poussent l'orange, le massepain et le chocolat. Noël fait crisser la neige sous les pas des montagnards, dont une lanterne sourde escorte la marche vers l'église où les vitraux flamboient comme des murs de flamme. Noël carillonne de tous les clochers qui appellent à la messe de minuit. Noël bout, même, dans les marmites où se prépare le réveillon.

Mais finalement, que veut dire Noël, quel intérêt peut-il avoir pour l'homme qui cherche à son aventure un sens égal au pouvoir dont il dispose et au savoir qu'il a conquis ?

Le choix de la date, autour du solstice d'hiver, contient déjà l'ébauche d'une réponse. Les jours s'allongent et gagnent sur la nuit comme la lumière divine triomphe, en Jésus, des ténèbres où notre âme s'emprisonne. Il s'agit, pour l'essentiel, d'un événement intérieur, imperceptible et silencieux. Les yeux voient un enfant. La foi s'agenouille devant Dieu. Cela ne peut paraître insensé qu'à celui qui ignore le mystère de l'homme. Laissons grandir cet enfant et nous l'entendrons dire à une pécheresse qu'elle trouvera Dieu en elle-même : comme une source qui jaillit en vie éternelle. Et un pécheur, dont la conversion fera, quelques siècles plus tard, un des plus grands docteurs chrétiens, commentera ainsi cette parole, dans le plus beau passage de ses *Confessions* :

Trop tard je t'ai aimée,
Beauté toujours ancienne et toujours nouvelle,
Trop tard je t'ai aimée.
Et, pourtant, tu étais *dedans*
Mais c'est moi qui étais *dehors* :
Et je me ruais sans beauté
Vers ces beautés qui sans toi
Ne seraient pas.

On ne peut rendre plus heureusement sensible l'attente de Dieu au plus intime de nous et notre absence à nous-mêmes résultant de notre absence à Dieu.

Ce n'est donc pas à lui de venir à nous – puisqu'il est toujours déjà là comme un Soleil caché en nous –, mais bien à nous de venir à lui, en lui offrant la transparence d'une vie qui décolle de soi. Et tel est, justement, le sens de l'Incarnation dont Noël fait rayonner le mystère : faire surgir, en Jésus, par la fécondité virginale de Marie, une *humanité* si dépouillée de soi et si transparente à Dieu, qu'elle n'ait plus d'autre « moi » que Lui, dans l'éternelle filiation du Verbe, et qu'il puisse, à travers elle, se communiquer personnellement à nous.

C'est ce qu'exprime admirablement le symbole attribué à saint Athanase, en disant que l'unité du Christ, homme-Dieu, ne s'accomplit pas « par la transformation de Dieu en chair, mais par l'assomption, l'élévation, de l'humanité à Dieu ».

Ainsi, en l'humanité de Jésus, comme dans un sacrement diaphane, la *Divinité* s'offre à nous dans le plein midi de sa lumière, pour nous purifier de toutes les ombres qui nous rendent étrangers à elle autant qu'à nous-mêmes, en nous ramenant *au-dedans* où l'éternelle Beauté n'a jamais cessé de luire comme un soleil : intercepté par l'écran de nos propres ténèbres. C'est dire qu'en Jésus nous sommes authentiquement révélés et rendus à nous-mêmes, autant que nous rencontrons et recouvrons la présence illimitée de Dieu.

On comprend, dans cette perspective, que saint Léon conclut son homélie de Noël par ce grave avertissement : « Reconnais, ô chrétien, ta dignité, et, puisque tu participes désormais à la *nature divine,* ne retourne plus, par une conversion *à rebours,* à ta vile condition d'autrefois. »

Le *vrai* Noël, en effet, c'est, dans la pauvreté de Jésus, la possibilité donnée à chacun de *vivre* une vie infinie : en retrouvant le *soleil* caché dans son cœur.

Décembre 1959

Dieu croit en vous

UN OFFICIER de la marine anglaise me racontait, durant la dernière guerre, qu'il avait dû confier à l'un de ses hommes une mission si dangereuse qu'il était prêt à croire au miracle si le marin chargé de l'accomplir en revenait sain et sauf. Par bonheur, celui-ci sut déjouer tous les périls et il reparut devant son chef sans la moindre égratignure. Mais, ce qui mit l'officier au comble de l'admiration, c'est que le marin le remercia de l'avoir choisi pour une tâche où il risquait sa vie, jugeant, avec raison, la confiance faite à son courage égale au danger que comportait l'entreprise, après avoir puisé dans ce crédit qui l'ennoblissait le courage de tout risquer.

C'est un sentiment analogue qui fut à l'origine de la conversion de Claudel le jour de Noël 1886. Entré par hasard à Notre-Dame de Paris avec l'âme désabusée d'un incroyant dont l'ennui touchait au désespoir, il découvrit soudain, à travers les antiennes des vêpres que l'on y célébrait, « l'innocence déchirante et l'éternelle enfance de Dieu ». Quand il sortit de la cathédrale, il se sentit pour toujours chargé de Dieu, comme une mère rivée à son foyer par la fragilité de ses petits enfants.

On retrouve la même intuition dans ce mot extraordinaire du père Pio à un jeune Italien qui lui avouait ne pas croire en Dieu : *« Qu'importe ! Dieu croit en vous. »* C'est ce renversement de perspective qui constitue peut-être le sens dernier de l'événement unique que la fête de Noël veut nous rendre présent.

La naissance de Jésus est, en effet, la venue au monde d'une humanité souverainement transparente à Dieu, qui ne s'exprime jamais pour son compte, qui ne témoigne jamais de soi mais de Lui : comme le sacrement diaphane où Dieu personnellement se dit. Il y a donc réellement, en Dieu, quelque chose qui correspond à la fragilité de l'Enfant de Bethléem que les paysans de Greccio croyaient voir se ranimer dans les bras de saint François. C'est cette mystérieuse fragilité qui nous touche et nous désarme, en nous rendant sensible le crédit infini que Dieu nous fait tandis qu'il confie à notre générosité, dans la pauvreté de la crèche, l'attente éternelle de son amour.

Quand on lit aujourd'hui, sous la plume de Graham Greene, cette affirmation paradoxale : « Aimer Dieu, c'est vouloir le protéger contre nous-mêmes », il est impossible de n'y pas percevoir la même résonance qu'éveille en nous le mot de Claudel ou celui du père Pio ou le récit, qui ne cessera jamais de nous émouvoir, de la veillée de Greccio. Dieu « se risque » jusqu'à la croix en se livrant à l'arbitrage de notre liberté. Et peut-être est-ce le cri silencieux de son cœur que l'Église a voulu nous faire entendre dans le *De profundis* qui est chanté aux secondes vêpres de la fête.

Comment ne pas penser, en écoutant ce gémissement inspiré, à ce verset de l'Évangile qui retient si rarement notre attention : « Celui qui fait la volonté de mon Père est mon frère et ma sœur et ma mère. » N'est-ce pas en nous, finalement, que Dieu veut naître aujourd'hui et, s'« il croit en nous », n'est-ce pas qu'il est en quête d'une mère en chacun de nous ?

Décembre 1960

Sera-ce pour cette nuit?

UNE FOIS de plus *Noël*: qu'est-ce que cela va changer? Rien, si ce n'est *toi*. Deviens lumière et tu verras la lumière.

Les paysans de Greccio ont cru voir l'Enfant Jésus se ranimer entre les bras de saint François. Dans la froideur du monde, la tendresse du *Poverello* offrait à Dieu le berceau où il pouvait naître dans un cœur consumé par Son amour.

Où est le Soleil qui dissipera les ténèbres du tunnel sans issue où l'humanité titube dans le cauchemar sanglant de ses haines et de ses peurs? En *toi*.

Une pécheresse de Samarie entendit ces mots incroyables qui lui firent oublier la cruche qu'elle venait de remplir, auprès du puits où Jésus l'attendait: *«Demande-moi à boire, et l'eau que je te donnerai jaillira en toi comme une source de vie éternelle.»*

Dieu est toujours *déjà là,* comme un Soleil caché en nous: c'est nous qui sommes absents, c'est nous qui sommes le mur qui fait écran à sa lumière.

«Tu étais toujours avec moi, c'est moi qui n'étais pas avec toi», écrit saint Augustin au dixième livre de ses *Confessions*. On ne peut mieux dire la conversion qu'il s'agissait d'accomplir: il fallait que l'homme devînt aussi *présent* à Dieu que Dieu l'était à l'homme.

Dans le sein de Marie, une humanité nouvelle a fleuri, si transparente à Dieu que son vrai visage, enfin, a pu se faire jour en elle. Dans cette humanité diaphane, dans cette *humanité-sacrement* le Soleil divin s'est fixé parmi nous, en s'y révélant comme l'Amour après lequel toute la terre soupire.

Tout est là. Ne cherche pas ailleurs le sens de cet événement-avènement. L'humanité fraternelle de Jésus porte le jour qui doit se lever en toi. Si tu t'éveilles, elle te fera passer *du dehors au dedans* et tu découvriras, comme Augustin, « la Beauté toujours ancienne et toujours nouvelle » qui n'a jamais cessé de t'attendre et qui est « plus intérieure à toi-même que le plus intime de toi ».

Si tu continues à dormir, ne t'attends pas à être délivré de tes cauchemars. Si tu ne changes pas, rien ne sera changé.

Inutile de coller ton nez aux vitrines embrasées de néon, en t'attendrissant sur tes souvenirs d'enfant.

« Le Maître est là et il t'appelle », comme disait Marthe à sa sœur Marie. Il ne demande qu'à être ton hôte, ton frère, ton ami : c'est à toi de décider *si ce sera pour cette nuit.*

Décembre 1961

Noël en nous

« TU ÉTAIS dedans et moi dehors » : rien ne situe mieux que cette petite phrase de saint Augustin l'événement de Noël. Le grand évêque cerne dans ce mot le moment décisif de sa conversion. Jusqu'alors il avait erré, esclave de soi et, tout ensemble, étranger à soi. Et, soudain, la rencontre avec Dieu lui avait permis de se joindre. Se connaître et connaître Dieu, c'était en réalité une seule et même chose. Son intimité surgissait et s'attestait comme une relation à cette Présence où il découvrait « la Vie de sa vie ». C'est par elle qu'il venait à soi, en étant « guéri » de soi.

Car il y avait eu ce changement d'étage imprévisible et merveilleux : il était passé du « moi » *possessif*, qui colle à soi et englue toute réalité dans son insatiable narcissisme, au « moi » *oblatif*, où l'existence tout entière prend forme et figure de don.

Voilà le nœud du problème. Tant d'hommes meurent qui n'ont jamais *été*. Ils ont pu *faire* beaucoup, dans le meilleur cas, mais c'était pour glorifier ce « moi » primitif et privatif, ce « moi » infantile, dont ils étaient prisonniers. Ils n'ont pas été « guéris » d'eux-mêmes, ils ne sont jamais devenus source et origine, espace et liberté. Ils n'existaient qu'en courtisant l'opinion qui les pouponnait. Ils ne sont jamais passés vraiment « du dehors au dedans ».

La naissance de Jésus et son histoire, qui est l'axe de l'histoire et du monde, nous apportent et nous offrent de quoi « guérir de nous ». On peut même dire que, sans Lui, nous n'aurions jamais pu définir clairement la « condition humaine» ni donner un sens précis à ce beau mot de dignité qui a fait couler tant d'encre et de sang.

Non que Jésus expose explicitement ces problèmes et leur donne une solution au niveau du discours. L'Évangile qu'il apporte est l'Évangile qu'il est. Or, il est, pourrait-on dire en première approximation et en regard de son rôle cosmique de «second Adam», l'homme qui a perdu son «moi», l'homme radicalement exproprié *de cette pente vers soi* – où tout se corrompt – par la relation hypostatique qui «assume» à Dieu *sa nature humaine* dans le «Moi» divin du Verbe qui est seul à être et à dire *«Je»* en elle, comme il y fait retenir, en Personne, la symphonie trinitaire de l'éternelle Générosité.

C'est de ces abîmes de dépouillement, où flambe l'amour créateur, que la voix de Jésus dénonce et démasque nos possessions et nous propose, comme la pureté radicale et le suprême bien, une existence en forme de don.

Être réellement – parce que c'est tout donner en se donnant – est donc finalement le seul acte irremplaçable : celui qui fait de l'homme et du monde un perpétuel offertoire. C'est le sens de la vie cachée à Nazareth. Il suffit d'être pour tout accomplir par le rayonnement silencieux d'une présence authentique. C'est par là que tous les hommes peuvent se reconnaître *égaux* au cœur de la divine Pauvreté dont «le Fils de l'homme» veut être en nous l'immortel ferment.

Aussi bien, Noël, pour nous – un Noël adulte –, c'est Noël *en nous* : cette possibilité d'être enfin nous-mêmes en passant – par Jésus – du «moi» possessif au «moi» oblatif où «Je est un autre».

Décembre 1962

Noël: notre naissance (1)

LA DIGNITÉ HUMAINE : ce que nous trahissons si souvent dans notre conduite personnelle, ce que nous n'admettons pas que les autres méconnaissent en nous, ce qui dresse l'esclave contre son maître, ce qui a provoqué cette irrésistible exigence de décolonisation d'où surgit un monde nouveau, est aussi ce qui est le plus difficile à définir.

En disant à Nicodème (Jn 3,3) qu'il faut naître d'en haut ou de nouveau, Jésus touche au cœur du problème que nous sommes pour nous-mêmes : du fait d'avoir à assumer la responsabilité d'une vie que nous n'avons pu choisir et qui nous rive à un monde préfabriqué.

Si rien en nous n'est de nous, en effet, en quoi différons-nous des animaux ? Qu'est-ce qui peut nous conférer une dignité inviolable si nous sommes réduits, comme eux, à *subir* un destin inscrit dans nos cellules et dans notre milieu, en étant, de surcroît, inclinés plus qu'eux à le subir avec toute la passion de cet attachement à nous-mêmes que sécrète inlassablement notre «moi» biologique, qui ramène tout à sa mesure, qui enferme tout dans ses limites ?

C'est justement ce « moi » possessif que Jésus remet en question, ce « moi » lui-même *préfabriqué* dont nous nous faisons une idole et que nous défendons avec une aveugle âpreté : comme s'il était réellement le support de notre dignité. S'il faut naître de nouveau, aussi bien, c'est pour être promu à une existence choisie et voulue qui soit vraiment *nôtre* par le don même qui la constitue : sous l'impulsion d'un *« moi » oblatif* totalement ouvert à la Présence « plus intime à nous-mêmes – comme dit saint Augustin – que le plus intime de nous-mêmes ».

Tout le monde connaît ce passage des *Confessions* (X,27) où le grand évêque nous rend sensible le passage du dehors au dedans *(foris-intus)* qui l'a conduit tout ensemble à la découverte de soi et de Dieu : « Tard je t'ai aimée, Beauté si antique et si nouvelle, tard je t'ai aimée. Et, pourtant, tu étais dedans et moi dehors. Et dehors je te cherchais. Et vers ces beautés que tu as faites, sans beauté je me ruais. Tu étais avec moi, mais moi je n'étais pas avec toi. Loin de toi me retenaient ces choses qui, si elles n'étaient en toi, ne seraient pas[1]. »

Cette *confidence* est inépuisable. Elle dit Dieu et l'homme dans les mots les plus simples. Elle nous fait vivre la nouvelle naissance dans la transmutation radicale où surgit « l'homme nouveau ». Elle nous fournit le seul langage où l'Incarnation puisse aisément s'exprimer.

1. La même citation de saint Augustin inspire à Maurice Zundel, à cinq ans d'intervalle, des commentaires dont les nuances révèlent la richesse de sa pensée (comparer avec la page 27).

Dieu, affirme-t-elle, est *déjà là* : toujours en nous tandis que nous errons hors de nous, étrangers à nous autant qu'à Lui. Ce n'est donc pas à Dieu de venir à nous : « en descendant du ciel », selon la lettre du texte vénérable que nous avons coutume de réciter. C'est à nous de venir à Lui, en nous ouvrant à sa présence qui peut seule nous rendre présents à nous-mêmes.

C'est ainsi que l'Église, dans sa dogmatique admirable, a cerné le mystère de Jésus.

En l'humanité qui éclôt dans le sein de Marie, nous dit-elle en effet, le « moi » qui nous enferme en nous-mêmes – en nous aliénant à Dieu et à nous dans une fausse personnalité esclave de ses limites –, ce « moi » où se condense tout le poids de nos servitudes, *n'existe pas*. Car la nature humaine de Jésus *subsiste*, est « centrée », exclusivement et totalement, dans le « Moi » divin : radicalement expropriée de soi par le fait qu'elle est revêtue tout entière de la personnalité du Verbe qui fait d'elle le *sacrement* diaphane où Dieu, en personne, « établit sa tente parmi nous », selon l'image impliquée dans le grec de saint Jean.

Rien de ce fait n'est changé en Dieu. Tout est changé en l'humanité conçue par la vertu de l'Esprit Saint, en qui Dieu est et dit réellement : « Je et Moi ». Tel est le sens de *Noël*. Jésus peut nous « guérir de nous », parce que sa nature humaine est radicalement désappropriée de soi.

L'Évangile jaillit de cette mystérieuse pauvreté. Jésus met le doigt sur notre mal le plus profond, sur cette avarice ontologique qui nous rive à nous-mêmes, parce qu'Il est ce qu'il est, parce qu'il a son « moi » dans l'éternel Amour vers lequel il nous aspire : pour nous faire naître à nous-mêmes en nous faisant naître à Dieu.

Décembre 1964

Vers quel Noël ?

« QUE DIRIEZ-VOUS du Christ à quelqu'un qui ne le connaîtrait pas ? » me demandait, la semaine dernière, une grande malade dont la foi s'interrogeait anxieusement à travers une interminable épreuve.

« Rien », fut ma première réponse. Comment, en effet, parler d'un tel sujet sans l'abîmer ? Les mots ne peuvent tenir lieu d'une rencontre qui, par sa nature même, doit se faire « du dedans ».

Je me sentais tout de même mis au pied du mur. Une foi vivante doit pouvoir témoigner d'elle-même. Sans se réduire à un discours, il faut qu'elle éclaire la réalité humaine d'une lumière assez profonde pour la transfigurer.

Alors me vinrent à l'esprit les paroles d'identification rapportées en Matthieu 25 : *« J'étais infirme »*, entre autres, après « j'ai eu faim, j'ai eu soif, j'étais en prison ».

Croire que Jésus vit *en chacun* chacune de ses souffrances et que nous Le rencontrons réellement en vivant comme sienne chaque douleur humaine, n'est-ce pas le chemin que lui-même nous trace pour accéder à son mystère ?

Je me voyais soudain confronté avec cette exigence. La vraie réponse à la question de ma malade serait de *vivre* intégralement cette identification avant d'oser en redire les termes.

Que la personnalité du Christ puisse s'identifier effectivement avec chacun et que chacun doive être traité comme Lui-même : quel jour cela ouvre sur Dieu et sur nous !

Que l'histoire humaine nous soit révélée comme *une histoire divine* dans une solidarité qui va jusqu'à la mort de la Croix, n'est-ce pas le sens de l'ère nouvelle – dont Noël est le premier jour – où l'amour infini de Dieu s'atteste dans la promotion infinie de l'homme ?

Promotion conditionnée, cela va sans dire, par notre consentement sincère à toutes les conversions qu'elle exige. Aussi bien, à moins de se payer de mots, comment ne pas voir quel engagement total – envers l'homme autant qu'envers Dieu – implique, de notre part, la croyance évangélique au *Verbe fait chair* ?

Décembre 1965

Noël : notre naissance (2)

LE BONHEUR d'un foyer dépend avant tout, on ne peut le contester, du degré et de la qualité de l'intimité qui règne entre les époux d'une part, entre les parents et les enfants d'autre part.

Cette intimité a pour condition essentielle une égale réciprocité dans le don de soi. C'est l'amour, autrement dit, qui révèle à chacun le vrai visage des autres.

Cela paraît tout simple. En réalité, il y a, dans toute famille, tant de choses à débattre et à faire sur le plan matériel ou social que le *secret personnel* de chacun est presque inévitablement refoulé par les préoccupations de la vie quotidienne. Quels mots d'ailleurs pourraient exprimer un tel secret ? On ne l'atteint en soi et on ne le perçoit chez les autres qu'en faisant le vide en soi, qu'en évacuant le « moi » possessif dont les options égocentriques altèrent le regard et faussent le jugement. Sans ce dépouillement libérateur, chacun s'enferme dans ses limites et les impose à autrui.

En d'autres termes plus positifs : c'est dans un espace infini, silencieusement offert, que se fait jour *la présence* où les intimités s'échangent et se révèlent sans empiéter indiscrètement les unes sur les autres. Les âmes ainsi se sentent unies par le fond dans une sorte de commune respiration en un même centre intérieur à chacune. Les rapports de surface s'éclairent, alors, *du dedans* et s'assouplissent dans le respect de cette harmonie intime éprouvée comme la plus précieuse valeur.

Il n'est assurément pas facile d'accéder et, encore moins, de se maintenir à ce niveau. C'est pourquoi nous perdons de vue, si souvent, le mystère de la personne, qui ne se révèle qu'à l'amour et selon le degré de générosité dont il est capable.

C'est ainsi que Notre-Seigneur éclaire et réalise d'une manière unique les pressentiments et les exigences que l'expérience de l'amour authentique éveille en nous. Tout le secteur des relations proprement personnelles, avec nous-même, avec autrui et avec l'univers, reçoit de Lui une lumière et un accroissement incomparable.

C'est par là que Noël signifie notre naissance à nous-même – à notre être le plus authentique – autant que la naissance du Christ parmi nous : à condition que nous le laissions naître en nous.

« Dieu est Esprit, en effet, et il faut que ses adorateurs l'adorent en esprit et en vérité » : en le concevant spirituellement par la foi, comme dit Bède, et en l'engendrant dans leur cœur et dans celui des autres par la charité.

Ces trop brèves réflexions nous aideront peut-être à entrevoir ce que notre pensée doit à Jésus et qu'avec lui et en lui les chemins de l'amour conduisent aux sommets de l'esprit.

Décembre 1966

Noël 1968

POUVONS-NOUS écrire, aujourd'hui, la date du 25 décembre 1968, en admettant sans réserve que le plus grand événement de l'histoire, auquel tous les autres s'ordonnent avant comme après lui, soit la naissance et la présence au monde de Jésus-Christ ?

Si nous nous référons au résumé le plus condensé du message chrétien, tel que le présente saint Paul aux Corinthiens : « Je n'ai pas jugé bon de rien savoir parmi vous sinon Jésus-Christ en tant qu'il est crucifié », la Croix se dresse devant nous, comme elle fait encore souvent sur les routes de la chrétienté, où elle semble témoigner d'une foi qui appartient au passé.

Et, pourtant, si nous prenons conscience de la signification de ce vieux symbole que nous n'avons peut-être jamais su déchiffrer, nous obtenons cette stupéfiante équation : Dieu estime notre vie au prix de la sienne, il donne sa vie pour que la nôtre puisse atteindre sa plénitude.

Cette sorte d'égalité que la Croix établit entre Dieu et nous suppose un éclairage entièrement nouveau sur Dieu et sur l'homme. Elle implique une solidarité entre le règne de Dieu dans l'histoire et la promotion de l'homme aux vraies dimensions de son être. Elle suggère que la révélation de Dieu ne peut s'accomplir efficacement qu'à travers la naissance de l'homme à une existence spirituelle. Elle comporte, enfin, un passage du dehors au dedans qui fait de l'homme le sanctuaire de Dieu et de Dieu, caché au cœur de notre intimité, « la Vie de notre vie ». D'où il résulte, comme dit le pape saint Grégoire, que « le Ciel est l'âme du juste» ou, en d'autres termes, que l'au-delà est un au-dedans : comme l'éternité s'enracine en notre «aujourd'hui», dans la mesure où nous accueillons le don que Dieu ne cesse d'être dans le temple que sa présence érige en nous.

Si c'est bien cela le sens le plus élémentaire de la Croix, si elle nous révèle la valeur infinie de notre vie, engagée dans la plus étroite symbiose avec Dieu : la présence au monde de Jésus-Christ ne laisse pas, malgré l'accélération de l'histoire, d'apparaître comme le suprême bienfait, par ce crédit incommensurable que nous ouvre son immolation, par cette «foi» en nous qui faisait dire au père Pio à un jeune incroyant : «Vous ne croyez pas en Dieu ? qu'importe, Dieu croit en vous.»

Janvier 1969

«Je est un autre»

SI L'ON VEUT rendre à Noël son véritable sens, si l'on veut y retrouver l'événement qui est le centre de l'histoire, au-delà du folklore, du sapin chargé de bougies et du Père Noël, il faut, dans le monde de plus en plus athée ou indifférent à l'égard de Dieu où nous vivons, partir d'une expérience humaine qu'il est toujours possible de vérifier.

Cette expérience est celle qui se résume le mieux dans le mot de Rimbaud : « Je est un autre », bien que Rimbaud lui-même ne l'ait pas poussée jusqu'au bout, comme l'a fait en revanche saint Augustin.

« Je est un autre », cela veut dire que le mot « moi » que nous avons toujours à la bouche et que nous défendons contre les autres « avec le bec et les ongles » est quelque chose que nous n'avons pas choisi et que nous subissons comme la couleur de nos yeux ou de notre peau ou, encore plus profondément, comme notre tempérament ou nos préjugés de race, de classe et de nation. Notre vrai « moi » nous échappe, j'entends le « moi » qui exprimerait une personnalité authentique et une dignité inviolable, et qui pourrait seul se réclamer des droits de l'homme, lesquels supposent une *transcendance* qui fait de chaque homme un bien universel.

Cette transcendance ne peut se fonder sur nos viscères, nos nerfs ou nos glandes – autrement rien ne nous distinguerait des animaux –, elle ne peut se fonder que sur une Présence infinie, cachée en nous comme « la perle du Royaume ».

C'est quand nous prenons conscience de cette Présence – comme Beauté, Vérité ou Amour –, quand nous nous perdons de vue, en nous émerveillant de la rencontrer comme plus intime à nous-mêmes que le plus intime de nous-mêmes, c'est alors que surgit ce « moi » sans frontières qui s'atteste et se constitue comme une *relation* à cet Autre, intérieur à nous-mêmes, qui est la « Vie de notre vie ». Notre existence est ainsi, explicitement, suspendue à Dieu dans tout ce qu'elle comporte de proprement personnel.

Mais notre expérience nous apprend aussi que nous pouvons nous soustraire à cette relation avec Dieu et retomber dans notre « moi » égoïste et possessif. Si Dieu est un pôle qui nous attire, nous échappons le plus souvent – par notre faute – à son aimantation, en ne réalisant qu'à de rares moments et par intermittences notre vraie personnalité. L'attraction divine est sans cesse menacée, en nous, par le « moi » sauvage en qui toutes nos convoitises confluent.

C'est ce Dieu que nous portons en nous – mais voilé par notre opacité qui l'empêche de transparaître en nous – qui va surgir en personne, au cœur de notre histoire, à travers la nature humaine de Jésus. En elle, en effet, Dieu sera pleinement dévoilé, parce qu'elle sera radicalement dépouillée d'elle-même, en étant revêtue du « Moi » divin, en étant personnalisée par la Personnalité du Verbe en qui elle subsiste, en étant prise tout entière dans la vague infinie qui jette éternellement le Fils dans le sein du Père.

Ce qui s'ébauche parfois en nous va se réaliser parfaitement en Jésus, avec une plénitude unique et indépassable. L'Infini qui habite en nous et qui est le seul fondement de notre dignité ne pourra être tenu en échec en lui par aucune tentative d'appropriation, parce que son humanité ne s'appartiendra pas, étant entièrement assumée par le Verbe pour révéler Dieu en tout ce qu'elle est, fait et dit.

Il nous arrive, à certains moments, de nous effacer en Dieu dans un émerveillement qui nous tient suspendus à sa Présence. En Jésus, cet effacement est la respiration de son humanité, emportée vers Dieu comme vers son seul «Moi», parce qu'infiniment désappropriée d'elle-même par la désappropriation qui fait du Fils, dans la Trinité, une relation subsistante au Père.

Noël concerne nos suprêmes profondeurs. Dieu, caché en nous et si souvent mal identifié, dit soudain Je et Moi en l'un de nous, qui n'est plus que le Sacrement inséparable où il se manifeste pour nous attirer à lui, en entrant lui-même dans notre histoire.

Notre personnalité, si lente à se constituer, reçoit de cet événement la plus vive lumière, en apprenant, avec un éclat incomparable, de la sainte humanité de Notre-Seigneur que «Je est un Autre».

Décembre 1974

Marie
Joseph

En écoutant l'Angélus

UNE PETITE FILLE allait avec sa mère à la rencontre du soleil couchant parmi les arbres en fleurs et les vignes bourgeonnantes. La lumière carillonnait sur les montagnes ses plus somptueux accords et les eaux du lac s'incendiaient de l'embrasement du ciel. Le chant de la vie montait dans toutes les branches ; le cœur de l'enfant éclatait de bonheur.

Elle s'était tue longtemps devant le mystère infini de cette beauté où les corps, allégés de leur poids, recueillaient l'esprit dans la muette symphonie des couleurs.

Tout à coup, sa joie déborda et la jeta au cou de sa mère avec toute la puissance de l'émoi qui enivrait sa tendresse : « Maman, tu es née de mon cœur. »

C'était lui dire, en lui restituant tout le bonheur qu'elle avait reçu d'elle : « Tu es telle que je t'aurais choisie. Maman, tu as rempli tous mes rêves. »

Combien de mères pourraient mériter cet éloge, combien réalisent tout l'espoir qu'on lit dans les yeux d'un enfant quand il dit : « Maman ». S'il avait pu la choisir – cette question me hante souvent –, comment l'aurait-il voulue sinon telle qu'il ne pût découvrir en elle rien que l'amour dans un cœur devenu vraiment le miroir de toute perfection.

La plupart des mères, sans doute, donnent héroïquement le meilleur d'elles-mêmes. Mais ce meilleur même, combien il s'accroîtrait si elles modelaient plus attentivement leurs âmes sur les exigences des âmes qu'elles ont à former, si elles soumettaient toute leur vie à la lumière virginale du regard qui se confie à elles : du regard sanctifiant des tout-petits.

Une Mère leur montre la voie en qui sont bénies toutes les femmes et justifiés tous les rêves de l'enfance.

« Maman, tu es née de mon cœur », cette parole s'est accomplie à la lettre dans la maternité de Marie à l'égard de Jésus. Elle est toute modelée sur son fils, et comme il est la lumière du monde, il n'y a point d'ombre en elle.

Dès le premier instant de son existence, elle est tournée vers cet « Orient », et le premier battement de son cœur inaugure une maternité qui a son principe en l'Esprit : *« Salve sancta Parens »*, chante l'Église au jour de sa nativité sur le berceau de cette petite fille : « Salut, ô toute sainte, vous qui enfantez. »

Elle est déjà toute à lui, entièrement désappropriée d'elle-même, tout ordonnée à la personne de Jésus.

C'est pour l'avoir ainsi conçu dans son cœur, pour l'avoir nourri continuellement dans son âme de la substance de son esprit, pour s'être incessamment donnée à lui dans le mystère de sa vie intérieure, qu'elle mérite de le concevoir dans sa chair et de l'abriter dans le tabernacle virginal de son corps, quand l'ange lui propose le message divin en l'offrande du premier *Ave*.

Le don qui n'a cessé de grandir en elle fait mûrir aussitôt ce « oui » où nous sommes tous engagés jusqu'à la mort de la Croix.

Marie, en effet, connaissait l'issue du drame rédempteur, elle savait à quelle ignominie était réservé le fruit de ses entrailles : son consentement au jour de l'Annonciation contenait déjà son acquiescement à cette mort d'amour qui la crucifierait avec lui.

Et comme tout cela s'est accompli pour nous, ce n'est pas forcer les données les plus certaines de la foi de penser que Marie a choisi chacun d'entre nous avec toute la profondeur d'amour dont elle était capable en acceptant pour chacun de nous le martyre indicible dont sa maternité divine engageait la promesse.

Est-ce qu'une mère aime ses enfants en série ? Est-ce qu'elle n'a pas pour chacun une tendresse à la fois totale et unique ?

Nous avons une mère, la maman de nos rêves en qui toute notre enfance ressuscite, vers qui peuvent se tourner toutes nos détresses, toutes nos plaintes et tous nos espoirs.

C'est par son cœur qu'il a plu à Dieu de former l'élan filial de notre prière.

Un fils peut-il être autre chose qu'un enfant pour sa mère ? Peut-il avoir peur, peut-il craindre de n'être pas compris, peut-il jamais douter qu'il soit aimé ?

Pour que cette attitude soit la nôtre devant lui, que nous l'abordions toujours avec un cœur filial, Dieu nous a donné ce signe merveilleux de sa tendresse plus que maternelle : le cœur de sa Mère comme l'ostensoir de sa miséricorde.

Comment découvrir mieux les richesses de son amour qu'en traitant vraiment Marie comme notre mère avec tout l'abandon, toute la tendresse confiante, toute l'audace respectueuse de l'enfant qui dit : « Maman » en jetant dans ce cri tout le mystère de sa vie.

« Qui que tu sois, toi qui te sens dans l'écoulement du siècle roulé dans la tempête et dans l'orage plus que marchant sur la terre ferme, ne détourne pas les yeux de l'éclat de cet astre, si tu ne veux être englouti par les flots. Si s'élève l'ouragan des tentations, si tu heurtes le récif des épreuves, si tu es entraîné dans les remous de l'orgueil, regarde l'étoile, invoque Marie. »

On pourrait, à la suite de saint Bernard, dérouler toute une litanie, où « l'Étoile de la mer » apparaîtrait comme l'issue de toutes nos angoisses, où le nom de Marie résonnerait comme le chant virginal de l'éternel Amour.

Péguy savait bien ce qu'il faisait quand il allait à Chartres confier à la Vierge sa femme et ses enfants qu'il ne pouvait amener à l'Église par la voie des sacrements.

Et ces prisonniers de guerre n'étaient pas moins avisés qui se jetaient du sommet des tours où ils étaient retenus captifs, lancés dans le vide « *en se rendant à la bienheureuse Vierge Marie* ».

Les chroniques de Lausanne ont gardé leur souvenir, comme la cathédrale conservait leurs chaînes en *ex voto*.

Notre cœur ne les doit point oublier, lui-même si souvent captif de tant d'entraves qu'il ne peut être fidèle à l'appel de Jésus sans affronter une certaine mort : sans se lancer dans le vide.

C'est alors le moment de regarder l'étoile et d'invoquer Marie, en redisant avec l'un de ses plus ingénus serviteurs : « Notre-Dame de l'impossible, priez pour nous ! »

Octobre 1936

Notre-Dame de Tendresse

« Si sa mère ne l'aimait pas, qui donc l'aimerait ? », me disait une femme dont on emmenait le fils en prison. Elle l'aimait pour que cette chose monstrueuse n'arrivât pas, car si personne ne l'aimait, c'est l'existence même qui lui serait refusée. Le prophète Isaïe enchérit sur ce cri de la tendresse humaine : « Si une mère oubliait son enfant, moi, dit le Seigneur, je ne vous oublierais pas. »

C'est que toute la tendresse des mères n'est que l'écho de la tendresse divine : Dieu est plus Mère que toutes les mères. C'est pour nous rendre sensible cette vérité qu'il nous a donné la Sainte Vierge, comme le sacrement maternel de son infinie tendresse. C'est pourquoi M. le Curé a eu l'heureuse inspiration de placer l'image de Notre-Dame de Tendresse dans le baptistère, où les nouveau-nés revêtent le Christ pour entrer dans cette merveilleuse histoire d'amour qu'est la vie chrétienne. « Tout est grâce », en effet, comme dit le Curé de campagne de

Bernanos, à la fin de sa douloureuse carrière, car il n'est jamais question, dans l'Évangile, que de la générosité divine et de la nôtre. Dieu n'est pas le Maître auquel il faut payer l'impôt de toutes les servitudes dont les adversaires de Jésus dupaient le tableau, il est l'Amour qui suscite notre liberté et que notre amour est seul capable d'atteindre. C'est pourquoi la liturgie du jeudi saint a son sommet dans le *Ubi Caritas* : où est l'Amour, c'est là que Dieu est.

Mais le jeudi saint nous rappelle aussi que si l'Amour est le seul bien, au point de s'identifier avec Dieu, il est chose difficile. Le lavement des pieds, où se chante le *Ubi Caritas*, prélude à la Cène, qui est le mémorial de la Croix et précède de quelques heures seulement l'agonie où le Seigneur vivra l'épouvantable solitude de tous ceux qui s'enferment en eux-mêmes par le refus qu'ils opposent à l'Amour.

Et justement l'artiste a suggéré, discrètement, le prix que coûte l'Amour, en entourant d'un nimbe crucifère la tête de l'Enfant-Dieu. La tendresse de Marie semble imprégnée de ce mystère. Ce fils qu'elle enveloppe de son étreinte, elle ne le possède pas : elle le donne. Et déjà elle participe à l'offrande où se consommera la rédemption.

Nous avons besoin de cette leçon enracinée dans la maternité virginale. « La proximité absolue », en effet, comme dit Kierkegaard, « est dans la distance infinie ». Il faut vouloir toute la grandeur de l'être aimé pour que l'amour ne se brise pas aux limites qui déconcertent son élan. S'il veut toucher l'infini, dont la promesse est sa joie, il est mortellement blessé quand il doit s'avouer que son objet est borné et qu'un autre être pourrait mieux le combler. Il faut donc sans cesse recréer les distances de respect qui permettent d'atteindre l'unicité et l'éternité de l'être aimé dans une tendresse diaphane qui est l'échange de Dieu. Aimer, en un mot, ce n'est pas posséder un être pour se l'annexer et jouir mieux de soi-même, mais faire de soi-même un espace sans frontières qui l'invite à se dépasser.

Marie, toute dépouillée d'elle-même et entièrement transparente à Jésus, dont la présence envahit totalement son esprit avant que sa chair ne devienne le berceau du corps voué à la Croix qui est notre Eucharistie, est, par là même, merveilleusement apte à nous révéler la vraie dimension de l'amour, dont le respect est le vrai nom de la pureté. On ne pèche jamais, en effet, parce que l'on aime, mais parce que l'on n'aime pas assez, en camouflant, sous le nom de l'amour, la recherche de soi.

Et Notre-Dame de Tendresse est justement placée au seuil de notre cœur pour nous écarter des mortelles facilités qui font basculer dans l'instinct le désir d'aimer qui nous apparente à Dieu et qui ne se réalise, vraiment, que dans le bel Amour, dont elle est la mère.

Décembre 1952
Allocution à l'occasion de la bénédiction
d'une statue de Notre-Dame de Tendresse,
au cours de la célébration
de la fête de l'Immaculée Conception

La seconde Ève (1)

TOUT ENFANT, a dit un poète, rêve de sa mère comme d'une Immaculée. C'est ainsi qu'il la choisirait s'il la pouvait choisir. Livré à sa mère dès sa conception, il la respire physiquement et moralement, les deux premières années de sa vie, par toutes les fibres de son être. Son influence sur lui est unique, irremplaçable, ineffaçable. On ne change pas de mère comme on peut changer de confesseur, de médecin ou de professeur. On n'a qu'une mère pour l'éternité, qui forme ou déforme, selon ce qu'elle vaut, l'être fragile et plastique soumis à son rayonnement.

C'est pourquoi nul état n'exige la sainteté plus impérieusement que la maternité, puisque la chance, pour l'enfant, de s'unifier en devenant réellement une personne, un être-source, un créateur, dépend, dans une si large mesure, des qualités et des vertus de sa mère, dont la conduite lui impose sa première échelle des valeurs. Appelé à naître de l'âme de sa mère, autrement dit, plus encore que de sa chair, l'enfant a besoin de trouver en elle le modèle achevé d'une vie qui satisfait à toutes les exigences de sa dignité.

C'est par là que la mère du Christ apparaît comme la plus haute révélation de la femme. Sa sainteté éminente est, en effet, tout entière comprise dans sa maternité. C'est pour qu'elle puisse être en communication réelle avec la personne de son fils qu'elle est investie des privilèges de grâce qui l'ordonnent à lui dès le premier instant de son existence. Elle est unique dans son ordre parce qu'il est unique dans le sien. Elle est la seconde Ève parce qu'il est le second Adam. Elle est sanctifiée dans sa conception parce qu'il est une Personne divine dans la sienne, parce que tout contact avec lui est un toucher d'âme dont la foi éclaire le regard, dont l'amour opère l'adhésion. Elle est pleinement évacuée de soi, en d'autres termes, pour pouvoir vivre entièrement de lui.

C'est ainsi qu'elle devient capable de nous le donner. Et toute notre raison de l'aimer, elle, c'est justement qu'elle ne peut que nous conduire à Jésus qui est toute sa vie : comme il doit devenir toute la nôtre.

Mai 1958

Notre-Dame de Lausanne

LA MANIÈRE chrétienne de revendiquer la dignité de la femme se fait jour dans l'exaltation de la Vierge. Adam et Ève forment un couple indivisible dans la genèse biblique et, tout au long de l'histoire, c'est à travers des couples indéfiniment reformés que la vie humaine se propage et se multiplie.

Il serait bien étonnant qu'au second Adam, qui est le Christ, ne correspondît pas une seconde Ève et que la femme n'eût aucune part à cette nouvelle origine, à cette reprise de l'histoire dans l'Incarnation rédemptrice, où la faute originelle est surcompensée par la vie et la mort de Jésus.

Une intuition profonde a donc tout naturellement engagé la foi chrétienne dans la reconnaissance du couple *mère-fils* qui devait se substituer ici au couple des époux, puisque c'est d'une vie spirituelle dont l'origine est maintenant en question, d'une source permanente et universelle de grâce qu'une génération charnelle n'est, de soi, pas apte à fournir.

En disant que Marie est « la fille de son fils », Dante a exprimé aussi parfaitement que possible la réciprocité singulière de ce couple unique dans lequel un « Moi » divin constitue seul et totalement la personnalité du Christ, l'unité transcendante du genre humain et le terme de la maternité de Marie.

Ordonnée à la personnalité divine de son fils, la maternité de la Vierge en suppose sur elle d'abord le reflux surabondant. Elle est, en ce sens, dans toute sa personne, issue de lui, et, à cause de cela même, associée par toutes les fibres de son être à l'œuvre qu'il a mission d'accomplir.

Le sentiment humain du couple s'allie donc parfaitement avec les données évangéliques et il est tout naturel à un chrétien de s'ouvrir et de s'offrir à cette maternité de la seconde Ève qui embrasse explicitement tout le genre humain en la personne de Jésus qui en constitue l'unité.

Nous ne faisons que vivre cette harmonieuse synthèse en invoquant la mère du Christ sous le vocable de laquelle nos pères érigèrent leur cathédrale, en saluant dans la Nativité de Marie l'aube du Christ, convaincus, à bon droit, qu'elle n'existe que pour nous le donner et voyant justement en elle la plus haute révélation de la femme : en raison même de sa maternité qui fait d'elle tout entière, et dès le premier instant de sa vie, un élan vers Jésus.

8 septembre 1958

La seconde Ève (2)

UN COUPLE qui inaugure sa vie conjugale, aujourd'hui, peut survivre dans sa descendance jusqu'à la fin du monde. S'il était conscient d'engager ainsi toute la suite de l'histoire dans sa postérité, il se sentirait chargé d'une responsabilité telle que la plus haute sainteté lui paraîtrait seule capable de justifier la transmission d'une vie promise à une telle durée.

De fait, la plupart des couples engendrent, dans l'aveuglement et sous la poussée de l'instinct, des enfants dont l'espèce plus que leur choix est la véritable origine. Une sorte de péché originel, *par refus d'être origine*, affecte ainsi souvent la transmission de la vie dans les époux qui ont obéi à la fascination de la chair plus qu'à l'amour d'un être dont leur âme eût été le berceau. Comme la tradition biblique voit dans la première faute le péché *d'un couple*, il est naturel de penser qu'il concernait directement l'avenir de l'espèce, dont il devait justement compromettre la promotion en l'empêchant de triompher de la brute qui resurgit si souvent dans l'humanité au cours de son histoire.

On conçoit difficilement, à partir de ces données, que le *couple comme tel* ne se retrouve pas de quelque manière dans l'œuvre de la rédemption. On insiste rarement sur ce point, qui me paraît fondamental pour déterminer la place de la femme dans l'économie chrétienne. En soulignant l'importance du «oui» de Marie dans le dialogue de l'Annonciation, on était pourtant sur le chemin d'une découverte capitale. L'humanité nouvelle qui devait naître de Jésus ne pouvait se constituer sans le concours et le consentement de la femme. La sainteté de la seconde Ève compenserait ainsi l'aveuglement de la première Ève, et la mission du Christ, second Adam, aurait pour *premier effet* de rétablir la femme dans sa dignité, en l'associant intimement et activement à la restauration de l'ordre divin dans la création demeurée inachevée depuis le grand refus. Autrement dit, à leur manière, Jésus et Marie formeraient *couple* dans l'initiative réparatrice où la liberté humaine devait collaborer sans faille avec la liberté divine.

Sans doute ce couple incomparable ne pouvait-il se constituer sur le plan des affinités charnelles, qui comportent tant de hasards et de fatalités. Il se devait donc former au niveau des personnes, dans ce centre de lumière où le regard de l'être s'emplit de l'éternité où il s'enracine. Marie naîtra de Jésus dans la grâce prévenante qui soustrait sa conception à toute servitude. Jésus naîtra de Marie dans le *fiat* de l'Annonciation, qui scelle sa maternité dans la liberté de l'Esprit. Cette réciprocité unique n'infirme aucunement *la primauté* de Jésus, puisqu'elle en dérive. Il est la sainteté de Marie, comme il est la nôtre. Mais elle s'y livre tout entière avec la plénitude qui convient à son rôle de seconde Ève, où elle participe activement et de tout son être à la divine réhabilitation du genre humain.

À une époque où la femme revendique, avec raison, son égalité et sa dignité de personne en face de son partenaire masculin, il semble plus opportun que jamais de retrouver *le couple virginal* où l'harmonie humaine atteint sa plus haute réalisation, où la femme, issue du cœur du second Adam, est révélée et glorifiée dans le « oui » qui est le suprême triomphe de sa liberté.

Mai 1960

Une tragédie silencieuse

PLUS GRAND que tout Shakespeare : ces douze lignes de saint Matthieu (1,18-21). À l'insu de Joseph, Marie, sa fiancée, attend un enfant qui ne peut être de lui. Les mœurs de l'époque exigent, en effet, que la femme accède vierge au mariage. C'est sans doute le jour des noces, où la fiancée normalement devient épouse, que Joseph découvre cette situation totalement insoupçonnée. Le parti qu'il va prendre nous rend sensibles le choc qu'il éprouve et l'estime qu'il a pour elle. Son respect est si absolu, son amour est si grand que toute question lui semblerait injurieuse. Il est plus sûr de la vertu de Marie qu'il ne l'est du fait irrécusable qui déchire son regard. La rendre secrètement à sa famille lui apparaît comme le seul moyen d'épargner sa pudeur et d'assurer son honneur. Il s'endormira sur cette héroïque résolution.

Marie comprend toute la grandeur et toutes les nuances de ce silence. Mais elle ne peut disposer du secret divin qui est à l'origine de sa maternité. Elle vit la souffrance de Joseph, dont la résolution – qu'elle devine – va la priver de la seule protection qui soit capable de ne rien blesser. Elle accepte de perdre l'amour humain qui lui est le plus nécessaire au moment même où il révèle toute sa puissance de générosité. Que Dieu, s'il lui plaît, dénoue ce drame où il l'a engagée. Le «oui» de l'Annonciation l'enferme dans le silence, comme il l'a livrée à la Croix.

Ces deux silences affrontés au sommet du plus haut amour, écartelé par une séparation tacitement consentie, peut-on concevoir une tragédie aux dimensions plus vastes et plus noblement humaines ?

On en connaît l'issue. Joseph assumera la femme que Dieu lui donne pour épouse. Il pourvoira avec elle aux besoins de l'enfant qui est le fruit d'une miraculeuse virginité. Il disparaîtra avant que Jésus n'entre dans sa vie publique. Il croira jusqu'au bout, sans avoir vu, au mystère caché sous les traits de l'adolescent qui partage son travail.

On n'a pas une seule parole de lui. Son silence le dit tout entier dans l'effacement infini où il s'enfonce dans l'Amour qui le conduit.

Mars 1963

L'Évangile des parents

OÙ EST papa ? où est maman ? demandent les enfants quand un nouvel amour a éloigné le mari ou la femme de son foyer.

Le conjoint demeuré fidèle, s'il espère un retour, invente les raisons qui expliquent l'absence sans éveiller le soupçon : papa est en voyage, maman a été appelée auprès de ses parents dont la maladie exigeait sa présence. Aussi blessé qu'il soit par la trahison, il comprend, en effet, qu'il faut tout mettre en œuvre pour qu'elle reste ignorée des enfants.

Mais ce jeu héroïque ne peut durer indéfiniment. Les adultes qui fréquentent la maison oublient parfois que les enfants écoutent et sont alertés par les questions qu'ils posent ou les conseils qu'ils donnent. Le hasard d'une rencontre risque toujours de détruire la légende en mettant l'un des petits en face du couple irrégulier. Le souci de leur avenir imposera d'ailleurs, tôt ou tard, le recours aux dispositions légales qui le doivent garantir, en donnant une sanction officielle à la séparation.

Le temps qui passe élargit le fossé et rend de plus en plus difficile une sincère réconciliation ! Le drame des époux va devenir celui des enfants.

Comment exprimer cette catastrophe qui les secoue comme un séisme en ruinant leur foi en toutes les valeurs sur lesquelles se fondait leur sécurité ? Ils croyaient avoir un père et une mère dont l'amour indivisible constituait leur suprême référence et ils découvrent, soudain, qu'il y a quelque chose de plus fort qui peut ruiner cet accord, en piétinant tous les engagements sur lesquels une famille se construit.

Jetés sans les comprendre en des problèmes d'adultes, écartelés entre leurs parents, induits à juger et à prendre parti, ils cherchent en vain un critère qui leur permette de rejoindre, séparés, ce père et cette mère dont l'union était la clé de voûte de leur univers. L'ombre de la passion qui disloque leur foyer les investit et les trouble, en leur révélant obscurément le monde impitoyable qui s'édifie sur la ruine de leur bonheur. À quels principes désormais pourront-ils faire crédit, puisque aucun principe n'a pu retenir auprès d'eux l'un des deux visages qui étaient pour eux la caution de tout l'ordre moral.

Les époux tentés de courir une aventure se souviendront-ils qu'un enfant ne peut changer de père ou de mère, comme ils sont tentés de changer de partenaire dans le vertige d'une nouvelle passion ? Papa, maman, ces deux noms uniques les rivent à leur foyer dans l'attente infinie qu'ils peuvent lire dans le regard de leurs enfants. Pourquoi, en effet, les avoir mis au monde si ce n'est pour en faire des hommes en leur donnant toutes les chances de le devenir dans un milieu où le bien se respire.

On exige avec raison la sainteté des prêtres et des moines, mais celle des parents n'est pas moins nécessaire. Car c'est ce qu'ils sont qui constitue toute la puissance éducative dont peuvent bénéficier leurs enfants. Il suffit qu'ils les regardent pour savoir ce qu'ils doivent faire s'ils ne veulent pas tuer la vie qu'ils leur ont donnée.

C'est cela pour eux l'Évangile le plus concret et le plus exigeant : devenir ce que leurs enfants ont besoin de croire qu'ils sont. S'ils s'y tiennent, ils apprendront à ne jamais tricher en découvrant la perle de justice au cœur de l'amour.

Mars 1966

Temps pascal

Semaine sainte

O Crux ave spes unica.
Salut, ô Croix ! notre unique espérance.

« LE CHRIST m'a aimé et s'est livré pour moi » : toute la doctrine chrétienne tient dans cette parole. Dieu est amour jusqu'à la mort de la Croix. Il ne pouvait pousser plus loin le respect de notre liberté. Si elle est le pouvoir de se donner, quel refus pourrait-elle opposer, désormais, à la sollicitation du Don infini qui l'appelle à s'accomplir ? Le bien n'est plus une loi dont il nous faudrait subir la contrainte : c'est le Visage divinement maternel d'une tendresse qui veut nous élever à son niveau, pour que sa vie devienne la nôtre.

Si ce Visage est indiciblement douloureux, c'est qu'il est la rançon de toutes nos douleurs, issues d'un refus d'amour dont Dieu est la première victime, en raison même de l'ardeur infinie avec laquelle il veut notre joie. C'est notre malheur qui saigne dans ses blessures, dont la plus grave est notre méconnaissance de son amour et l'oubli que le seul vrai bonheur est la joie du don où l'être s'affranchit de soi.

Sur tous les chemins de la chrétienté, la Croix proclame cette primauté de l'amour, en étendant vers nous ces deux bras qui veulent apaiser nos angoisses en nous étreignant contre le Cœur où notre âme a son repos.

Toute notre espérance est là, car il n'y a pas de peine que la tendresse n'éclaire, comme nul désespoir n'est possible si nous sommes assurés que l'Amour est le commencement et la fin et qu'il n'est crucifié que pour restaurer et accomplir notre vocation de joie.

« Là où il n'y a pas d'amour, mettez l'amour et vous extrairez l'amour », dit saint Jean de la Croix. Et il est bien vrai que rien ne nous désarme plus sûrement que l'offre gratuite d'une amitié humaine. Serons-nous moins sensibles aux avances infinies d'une amitié divine ? La Croix nous ouvre ses bras pour nous cacher dans le Cœur du premier Amour.

Avril 1947

Invitation pascale

L'INTENTION PREMIÈRE du Christ est de rassembler toute l'humanité dans sa Personne en constituant une chaîne d'amour qui embrasse tout l'univers.

C'est le sens profond de l'invitation pascale. Si chacun de nous est appelé à communier, c'est moins pour lui que pour les autres qui ont besoin de sa présence et de son témoignage pour se sentir encadrés dans une fraternité sans fissure et sans lacune. Jamais l'état du monde n'a requis plus impérieusement un rassemblement unanime. Quiconque lit les journaux ou ouvre sa radio s'interroge avec anxiété: «Sera-ce la guerre?» Et chacun de nous demander: «Croyez-vous à la guerre?», comme s'il s'agissait d'une éruption volcanique ou d'un tremblement de terre, comme si les deux milliards quatre cent mille habitants de cette planète n'avaient qu'à attendre le bon plaisir de quatre ou cinq hommes qui auraient le pouvoir absolu de choisir, pour les autres, la mort ou la vie.

Réveillons-nous! C'est à nous de choisir, c'est à chacun qu'il incombe de vouloir et de fonder la paix et de rendre impossible la guerre.

Mais pour cela, justement, il est nécessaire de sortir de sa coquille et de voir plus loin que le bout de son nez.

Le monde entier est remis entre nos mains et nous ne pouvons être catholiques, c'est-à-dire universels, sans prendre en charge les souffrances et les espoirs de toute l'humanité.

Notre communion pascale doit être, précisément, l'affirmation de cette solidarité sans frontières qui nous rend présent à toute la terre en nous livrant à Dieu.

La paix ne peut être que le fruit de la charité qui est vaste, comme le cœur de Dieu et qui nous identifie avec les autres en nous identifiant avec lui.

L'échec des conférences internationales tient essentiellement à ce qu'aucune valeur commune ne permet de dépasser les intérêts particuliers que chaque délégué a la mission exclusive de défendre et de faire prévaloir.

Notre communion pascale nous rassemble dans l'unité de l'amour qui nous est confié comme le bien de tous autant qu'il est, réellement, le secret le plus personnel de chacun.

Qu'elle soit pour nous, cette année, la mobilisation de tout notre être au service de la paix qui vient de Dieu et qui est Dieu même, quand nous ne l'empêchons pas de vivre en nous.

Avril 1952

Le «oui» du carême

EINSTEIN DIT admirablement: «Celui qui n'a plus la possibilité de s'étonner et d'être frappé de respect, celui-là est comme s'il était mort.» Saint François a atteint, dans le dépouillement absolu, la plus haute puissance d'émerveillement et il a chanté le *Cantique du soleil* en retrouvant la jeunesse du monde. C'est qu'il était à l'écoute de l'Amour dont toute réalité est un symbole et qu'il recevait l'univers comme le cadeau d'une tendresse infinie qui vêt toute chose de beauté. Il avait le génie du «oui» qui découvre, jusque dans un caillou, le Visage qui remplit la création d'une silencieuse présence.

Le carême veut nous restituer le regard tout neuf qui s'accorde avec la divine bonté et qui répand sur tous les êtres un rayon de l'éternelle bienveillance. Nous en observerons l'esprit en nous interdisant tout négativisme, toute plainte inutiles, pour que puisse naître, dans le printemps de l'âme, la fleur exquise de la joie et que le monde ressuscite en nous avec le Rédempteur.

Un des grands témoins de la France chrétienne lequel a su préserver, à travers un demi-siècle d'apostolat, toute la générosité de l'esprit et du cœur dans la jeunesse d'un regard sympathique à tout progrès : Monsieur le chanoine Thellier de Poncheville nous communiquera le trésor de son immense expérience dans le rayonnement de sa foi et de sa ferveur, avec l'optimisme invincible de l'homme qui a fait de sa vie un grand « oui ». Nous saurons profiter de la grâce de sa présence pour recevoir, avec un enthousiasme renouvelé à son contact la « Bonne Nouvelle » qui associe notre vie à celle de Jésus, en Lequel, selon le mot de saint Paul aux Corinthiens, « il n'y a que le ‹oui› ».

Février-mars 1953

Le croûton de saint François

INVITÉ À LA TABLE du cardinal Hugolin, évêque d'Ostie et futur pape, saint François tirait de sa besace un croûton sec, reçu en aumône ou comme salaire de travail aux champs. C'est tout ce qu'il consentait à manger à ce dîner de grand seigneur. Hugolin souriait et le laissait faire. Il faisait crédit à cet homme étrange qui avait la passion de la pauvreté.

L'attitude de François nous est peut-être plus facile à comprendre qu'elle ne l'était au cardinal protecteur de son Ordre. Ce pain dur était pour lui le don de Dieu et il était revêtu, à ses yeux, d'une dimension d'amour qui lui conférait une valeur et une saveur infinies. Et comme il ne pouvait flatter le goût, le poverello n'éprouvait à le manger que la joie toujours nouvelle de communier à la tendresse divine. Il se trouvait ainsi à la table de Jésus, dans la salle à manger de l'évêque d'Ostie, comme il l'avait été au banquet eucharistique.

On ne peut plus simplement et plus profondément unir la grandeur et la liberté. Toute réalité devient immense quand le cœur n'a pas de frontière. C'est le secret même de l'Évangile : non pas se détourner de la création, mais l'accomplir en devenant libre de soi pour la regarder avec des yeux qui « la laissent vêtue de beauté ». C'est le sens de la pénitence que les Grecs appellent, justement, un changement de cœur. C'est l'appel du carême qui nous achemine vers la Résurrection. C'est la joie de la Croix, qui ne veut faire mourir en nous que ce qui s'oppose à la vie, comme le jardinier émonde les arbres pour qu'ils portent plus de fruits.

Le croûton de saint François nous ouvre cet horizon prodigieux où la présence de Jésus fait éclater nos limites, en nous jetant dans l'aventure infinie où Dieu révèle toute sa grandeur en l'homme qui accepte virilement de conquérir la sienne.

Avril 1956

L'apprentissage de la résurrection

UN SCRUPULE m'a saisi, un instant, le jour des Cendres, en redisant la formule rituelle : « Souviens-toi, ô homme, que tu es poussière et que tu retourneras en poussière », une vague crainte de dévaloriser la vie par ces mots qui répondent si peu à l'attente d'une jeunesse qui rêve d'une grande aventure et qui ne saurait voir, dans l'existence terrestre, une simple parenthèse entre la poussière de l'origine et celle de la fin.

L'idée m'est alors aussitôt venue qu'il fallait compléter ce texte, emprunté à la Genèse, par les promesses de l'Évangile et lui donner ce sens, qui s'accorde seul avec le message de Jésus : « Souviens-toi de la mort pour ne jamais cesser d'en triompher dans ta vie. »

Seul de tous les êtres vivants, l'homme peut, en effet, ajouter une dimension à sa vie comme il a seul le privilège de la devoir *justifier*.

Le traître qui livre ses camarades ou renie sa foi pour sauver sa peau nous apparaît comme *déjà* mort, parce qu'il a perdu ses *raisons* de vivre. Réduit à sa biologie et accroché à l'existence par sa peau qui le porte et le mène, nous sentons qu'il n'a aucune prise sur elle et qu'elle l'entraîne, comme une force étrangère à lui-même, vers le gouffre qu'il avait voulu fuir. Le héros et le martyr, au contraire, portent leur biologie en triomphant de ses résistances animales, et leur mort volontaire est la suprême affirmation des raisons de vivre qui impriment à notre existence le sceau de l'esprit. Ils disposent ainsi de leur mort et non pas elle d'eux. Ils vivent vraiment dans la mort comme le traître meurt du refus de mourir.

Ce contraste nous rend sensible le pouvoir que nous avons de dégager de notre vie physique une *sur-vie*, présente en nous dès notre naissance comme un germe d'immortalité. C'est par là que nous sommes appelés à concourir à notre propre création, en développant toutes les valeurs qui font de nous une personne, une source et une origine. Ainsi peut se constituer en nous une vie toujours plus recueillie dans un centre intemporel, toujours plus libre des accidents physiques et des événements extérieurs, qui est une perpétuelle victoire sur la mort, un continuel apprentissage de la résurrection.

Le mystère de Pâques est évidemment plus profond que tout ce qu'une telle expérience en peut pressentir. Il est pourtant certain que nous l'éprouverons d'autant plus joyeusement comme le triomphe du Christ sur la mort que nous nous serons plus fidèlement appliqués à la vaincre en nous. Et, dans la mesure même où nos raisons de vivre justifieront et fonderont notre existence, nous reconnaîtrons que le *Prince de Vie*, comme Pierre appelle Jésus, ne nous engage pas à la méditation morose de la mort, mais à l'enracinement de la *sur-vie* qui nous en affranchit en dessinant déjà en nous, en filigrane, le visage éternel de notre résurrection.

Avril 1957

Prélude de résurrection

LA MORT d'un être aimé suscite inévitablement la question : est-il encore vivant quelque part et y a-t-il un moyen quelconque de le joindre et de communiquer avec lui ?

Mais la vraie question n'est-elle pas plutôt : était-il réellement vivant avant de mourir ? C'est du moins celle qu'il convient de nous poser à l'égard de notre propre destin. Une existence dominée par les forces animales qui sont en nous, vécue passivement en se laissant porter par la biologie et régir par les circonstances extérieures, pourquoi survivrait-elle, si elle se réduisait uniquement à ces données cosmiques, à l'épuisement des énergies physiques qui la soutiennent ?

Il en va tout autrement d'une existence qui s'est conquise elle-même, en inscrivant dans toutes les fibres de son être la lumière d'une générosité qui lui confère une unité permanente et en fait vraiment la source et l'origine de son action aussi bien que le fondement de sa dignité et de sa valeur.

Une telle vie dépasse les énergies physiques dont elle dispose. Elle n'est pas à la traîne de sa biologie, elle n'en dépend pas essentiellement. C'est elle bien plutôt qui la porte en lui donnant un visage humain qui l'accroît d'une dimension infinie. Il arrive même qu'une existence ainsi affranchie de ses servitudes organiques choisisse de mourir pour affirmer et sauvegarder les raisons d'être sans lesquelles elle ne saurait subsister et avec lesquelles, au prix de sa mort, elle s'identifie totalement.

Dans ce cas, qui est celui du martyre, il est clair que la vie atteint son sommet à travers la mort et qu'elle subsiste dans toute sa plénitude après la mort, comme elle se situait avant la mort dans cet univers des valeurs que la mort ne peut abîmer.

Il y a sans doute toujours lieu d'espérer que les vies inaccomplies et victimes de leurs instincts plus qu'endurcies dans le refus de la lumière auront leur chance dans le mystérieux purgatoire qui laisse justement à l'espérance un champ illimité au-delà de la tombe.

Le parti le plus viril cependant et, au fond, le seul digne de nous, est de vaincre la mort dans la vie en la recueillant tout entière en ce centre intérieur et silencieux où elle s'éternise : dans le dialogue d'amour qui imprime en elle le sceau de la résurrection.

Avril 1958

Le Prince de Vie

UN HOMME encore jeune, puisqu'il avait trente ans, est mort, en août dernier, d'une tumeur au cerveau qui avait exigé une première intervention chirurgicale le jour même de ses vingt ans. Les dix ans d'intervalle entre ces deux dates furent remplis par un combat incessant contre la maladie, dont la progression implacable entraîna une paralysie totale avec perte de la parole aggravée par des troubles visuels toujours plus menaçants. Le malade cependant ne se plaignit jamais et déploya un humour héroïque pour alléger l'angoisse des siens qui vivaient son épreuve en s'identifiant avec sa résistance au mal qui le ravageait. Une foi profonde l'inclinait d'ailleurs au parfait abandon où il anticipait l'offrande dans laquelle il mourut, en laissant à sa famille une présence de lumière qui en rassemble tous les membres dans une communion permanente avec lui. Tous les visages sont éclairés par cette convergence vers lui qui les transfigure en leur communiquant un reflet d'éternité.

Sa mort ainsi devient vie en triomphant de la mort.

Un tel rayonnement, à travers la douleur de l'arrachement sensible, fait comprendre immédiatement que la mort n'a aucune prise sur l'être de générosité, sur l'existence d'amour qui constitue la réalité et la valeur d'une authentique personnalité. La mort n'atteint en nous, en effet, que ce qui lui ressemble et s'oppose, par là même, à la plénitude de la vie.

C'est pourquoi elle comporte *des niveaux différents* selon la qualité des âmes.

La mort de saint François est une apothéose parce qu'elle ne trouve plus à rompre que cette fine pellicule, déjà transparente à l'éternité, qui va s'ouvrir sur la vision de gloire. Là où même ce léger voile n'existe pas, où plus rien ne demande à être purifié, la mort est sans pouvoir comme elle est dépourvue de sens. Elle devient alors réellement impossible.

C'est précisément ce qui se vérifie en Jésus, que saint Pierre appelle magnifiquement: *le Prince de Vie.* En lui, tout est vie par la gravitation personnelle de son humanité dans le Verbe de Dieu. Considéré donc en lui-même, il ne doit pas, il ne peut pas mourir. Il est tout entier protestation contre la mort: comme le cri de l'innocence de Dieu en face d'un événement qui remonte à l'absence et au refus d'amour. Il n'a donc pu mourir de sa mort – pour être affranchi d'un élément corruptible qui n'eût pas mérité de vivre –, il n'a pu mourir que de notre mort et pour en tarir la source, en s'identifiant avec nous. Saint Paul nous introduit dans cet abîme de charité, en écrivant aux Corinthiens: «Celui qui était sans péché (Dieu) l'a fait péché pour nous.» C'est par ce *miracle d'amour* que Jésus est mort: revêtu d'une culpabilité universelle que son innocence infinie rendait insoutenable, écartelé dans son être intime et mourant, par cette blessure *intérieure* où son Cœur se rompt, d'une mort *incorruptible* où il triomphe de la mort telle qu'elle résulte, pour nous, d'une biologie soustraite à la gravitation de l'amour.

On ne peut donc considérer la mort de Jésus simplement comme un événement physique, suivi d'un retour physique à la vie le jour de Pâques. La Résurrection affirme ce qu'il n'a jamais cessé d'être: le Prince de Vie. Elle va de soi, en quelque manière, puisqu'en lui la vie coulait de source. La Croix révèle ce qu'il est devenu *pour nous* dans une sorte de violence faite aux principes mêmes de son être. Ce caractère essentiel de sa mort nous permet d'entrevoir la qualité *unique* de sa résurrection: qui est *ab intus,* qui jaillit *du dedans* comme sa vie, ayant comme elle sa source dans le «Moi» divin en qui tout est vie.

C'est pourquoi on ne peut entrer dans le mystère pascal qu'en s'appliquant à *vaincre* la mort par le dépouillement libérateur qui rétablit la primauté de l'amour où la vie retrouve son origine : dans une pénitence *créatrice* dont le nom même signifie et réclame *un changement de cœur.*

Mars 1959

Le monde pascal

LA VOLONTÉ d'indépendance des peuples soumis jusqu'ici à la colonisation n'est qu'une des conséquences de la tendance de l'homme né de la Révolution de 1789 à revendiquer sa majorité. Ce refus de toute tutelle, même bienveillante, est en soi un bien. C'est en effet l'affirmation d'une exigence qui constitue la nature humaine dans sa différence spécifique autant que dans sa dignité, en requérant qu'elle devienne la source et l'origine de son action, ce qui implique nécessairement le refus d'être utilisé comme un objet ou manœuvré comme un instrument par une volonté étrangère. Sous cet aspect, la révolte contre toute forme de despotisme et toute espèce de contrainte arbitraire résulte inévitablement d'une prise de conscience de ce qui nous distingue de l'animal et conditionne notre promotion à l'âge adulte. Comme cette révolte tend à se généraliser dans tous les secteurs où l'autorité est encore un fief privilégié, l'humanité contemporaine serait bien près d'atteindre à sa perfection si le rejet de toute domination *extérieure* suffisait à nous rendre vraiment libres.

Nous sommes, en réalité, sous le joug d'une tyrannie intérieure autrement plus dangereuse par le fait que nous y consentons. Bien que nous n'ayons pas choisi de naître et que nous devions subir les conséquences d'une existence qui nous a été imposée, nous sommes, en effet, constamment tentés de nous identifier avec la biologie individuelle et collective qui résulte de notre constitution physique et de notre première éducation. Où situer, aussi bien, ce *je* et *moi* que nous avons sans cesse à la bouche depuis que nous savons parler sinon dans cet ensemble *préfabriqué* d'habitudes et d'attitudes, de préjugés et de passions, de sympathies et d'antipathies, que notre milieu et notre histoire infantile ont fait éclore en nous et que nous trouvons solidement installé en nous quand nous parvenons à l'âge de *raison*. Comme on ne peut demander à celle-ci de commencer par un jugement critique qui refuse tout cet apport d'influences accumulées et enracinées depuis notre conception, elle s'exerce presque nécessairement sous la pression et dans le sens des impulsions où s'expriment les lignes de force de la psychologie toute faite qui nous habite et avec laquelle nous sommes spontanément enclins à nous confondre.

Les pronoms personnels *je* et *moi* perdent ainsi toute signification. Au lieu d'annoncer une personnalité autonome qui est la source de son action, ils affirment une adhésion aveugle et passionnée aux tendances qui nous possèdent et nous meuvent comme des instincts : que nous n'avons pourtant aucun motif de considérer comme nôtre, puisque nous ne les avons pas choisis. Tandis que nous croyons exprimer notre indépendance, nous ne faisons cependant, le plus souvent, que souscrire à notre servitude, et ces deux petits mots, constamment répétés, *je* et *moi*, représentent presque toujours, en réalité, *un refus d'être origine* qui pourrait bien continuer et nous faire comprendre, dans une certaine mesure, le péché originel.

La vie ne peut devenir vraiment nôtre, aussi bien, que si nous la pouvons choisir. Elle cesse de nous être imposée, en d'autres termes, si nous en pouvons faire un don et si ce don en constitue la dimension humaine et l'essence spécifique, comme un enfant peut apprendre à aimer ses parents, s'ils se montrent dignes de sa confiance, et à les choisir affectivement, bien qu'il n'ait pu les choisir biologiquement. Et telle est, en effet, l'exigence qui est le privilège de notre nature et le ressort de notre liberté. Nous sommes appelés à décoller de la chair et du sang et de toutes les dépendances qui font de nous un morceau et un moment de l'univers, dans l'offrande où tout notre être s'arrache à ses limites en l'élan qui le jette en Dieu, en entraînant toute réalité dans cette communion d'amour où notre liberté devient réellement source et origine de notre existence, promue par ce choix à sa dignité humaine et à son autonomie personnelle.

Le refus de décoller, au contraire, nous rend esclaves du donné, de la nature que nous prétendons posséder, et nous enferme dans le cycle des énergies cosmiques, soumises à l'usure et à la dégradation, qui sont incapables de nous porter et de satisfaire à nos exigences humaines et qui nous entraînent nécessairement vers la mort, que notre liberté encore intacte avait la mission de surmonter.

Le Christ, dont l'humanité sans frontières, en raison de son suprême dépouillement, a pu récapituler toute l'histoire humaine pour la recentrer en Dieu qui est la Vie de notre vie, a vaincu la mort, issue d'un refus d'amour – qui impliquait, par identité, le refus d'être origine –, dans l'oblation d'amour qui l'a attaché à la croix. Il nous a, par là même, rétablis dans notre vocation originelle et dans notre éminente dignité en nous appelant à ressusciter avec lui, après avoir fait de toute notre vie, par le plein exercice de notre liberté, une permanente victoire sur la mort.

Les cloches de la Résurrection, dont la grave jubilation émouvait le Faust de Goethe comme un cri d'espérance dans sa nuit, nous rappellent la naissance de ce monde pascal où toute réalité devient transparente à Dieu : dans la mesure où nous répondons à son amour en faisant de toute notre vie un don, en acceptant, autrement dit, d'être source et origine de notre action et créateur de la dimension humaine où notre liberté respire sa présence, dans un univers axé sur la Croix comme sur l'arbre de vie d'un paradis intérieur à nous-mêmes.

Avril 1960

La myopie des cosmonautes

LES COSMONAUTES soviétiques ont affirmé n'avoir pas rencontré Dieu au cours de leurs voyages à travers l'espace. On leur a prêté ce propos, tout au moins, comme une confirmation « scientifique » de l'athéisme, en faveur duquel un théoricien du Parti communiste réclamait récemment une action implacablement renforcée.

Un tel argument, s'il a été réellement invoqué, fournit la meilleure preuve que le marxisme s'acharne à combattre un faux dieu, situé quelque part dans l'espace comme un objet. Il a juste autant de valeur qu'aurait eue une déclaration de Gagarine disant qu'il n'a pas aperçu durant son vol l'amour dans le spectacle qui s'offrait à ses yeux. Le second cosmonaute russe l'a découvert, mais c'est qu'une femme avait été associée à son aventure.

Voudrait-on que Dieu pût se trouver sans un engagement personnel au moins aussi profond que celui qu'exige un vrai mariage ? Dieu n'est pas un objet que l'on puisse voir *devant soi* : c'est une Présence que l'on ne peut rencontrer *qu'au-dedans de soi.* Mais cela suppose que l'on ne vit pas *en dehors de soi.*

Que veut Jésus dans cette suprême tentative qui l'agenouille devant ses disciples au lavement des pieds, sinon justement les amener à découvrir, *au-dedans d'eux-mêmes,* « ce royaume de Dieu » qu'ils s'obstinaient à attendre d'un événement extérieur, comme une maison préfabriquée qui tomberait du ciel.

Ils étaient myopes, eux aussi, « les Douze » qui participaient au dernier repas de Jésus. Leur ciel était un mythe. Ils n'avaient pas encore compris que *« le ciel est l'âme du juste »*, comme dira un jour, dans un éclatant raccourci, le pape saint Grégoire.

Pour que le *vrai* Dieu puisse se révéler authentiquement, il faut que l'homme *soit.* Tant que nous sommes un paquet d'instincts, un faisceau de passions et de préjugés, le dieu que les uns affirment comme celui que les autres nient ne peut être qu'une idole, faite à notre image.

La montée vers Pâques devrait être une montée vers l'homme. En nous révélant la Source qui veut jaillir en vie éternelle au plus intime de nous, Jésus nous offre la possibilité d'atteindre à nous-mêmes. Car, enfin, ce n'est pas par nos viscères, par tout ce que nous avons en commun avec les animaux, que nous sommes humains, mais par ce pouvoir d'émerger de notre biologie dans le don où notre existence surgit librement : comme une offrande à l'Amour qui nous peut seul combler.

Il est étonnant que le marxisme, qui se présente comme la plus haute revendication de l'autonomie humaine, s'obstine à nous enfermer dans un univers où il n'y a personne et où notre dignité perd tout fondement, dès là que l'on cesse de percevoir la Valeur infinie confiée à toute conscience comme le bien commun de tous.

Alors, bien sûr, il ne peut être question de Dieu, puisqu'il n'y a plus d'homme pour l'accueillir et le laisser transparaître. Pour témoigner valablement de l'existence de Dieu, aussi bien, il faut d'abord que l'homme existe, en réalisant toutes les exigences qui conditionnent notre promotion à un niveau humain. Pour croire, en un mot, il faut « naître de nouveau ».

Mars 1964

Quand la terre tremble

TANDIS QUE nous célébrions la liturgie du vendredi saint, l'Alaska était ravagée par un tremblement de terre si violent qu'il semblait préluder à la fin du monde.

Dieu choisissait-il de faire périr les hommes au moment même où nous affirmions qu'il était mort pour eux ? Que devenait la joie pascale pour ces populations qui voyaient le sol se dérober sous leurs pieds. Aurions-nous été capables, à leur place, d'acclamer sans réticence le Christ glorieux « qui a vaincu notre mort par sa mort et restauré notre vie par sa résurrection » ?

Comment ne pas se demander, en effet, si le Dieu créateur « qui gouverne le monde » et l'abandonne à de telles catastrophes peut être aussi le Dieu rédempteur qui le sauve ?

C'est ainsi qu'en pleine semaine sainte a resurgi le problème du *mal* dont Camus, après tant d'autres révoltés, a nourri son tourment.

Comment l'homme est-il associé à un univers qui ignore toutes ses valeurs et le traite comme un objet : en l'engloutissant dans ses cataclysmes ou en livrant son organisme en pâture à une faune ou à une flore microbienne innombrable ?

Remarquons tout de suite que ce scandale ne peut exister que pour une intelligence qui reconnaît dans la dignité humaine une valeur dont la méconnaissance constitue un sacrilège. Mais qu'est-ce qui fonde le sacré, en l'homme, sinon la Présence infinie dont chacun, comme Jésus le révèle à la Samaritaine, est appelé à devenir le sanctuaire ? De là résulte que piétiner l'homme, c'est bafouer Dieu. Le mal nous scandalise, en définitive, parce que l'innocence de Dieu en est, en l'homme, la première victime : «J'ai eu faim, j'ai eu soif, j'étais infirme...» (Mt 25,36-37).

Saint Paul confirme cette vue en mettant en relief cette innocence de Dieu dans les désordres cosmiques, comme dans le carnage dont la nature offre tant d'exemples, en ce texte fameux de l'épître aux Romains (8,20-22) : « Toute la création jusqu'à ce jour gémit dans les douleurs de l'enfantement, assujettie malgré elle à la vanité, avec l'espérance d'être elle aussi libérée de la servitude de la corruption. »

Dans la pensée de l'Apôtre, l'univers est solidaire de l'homme et l'homme l'a entraîné dans sa chute. Cela veut dire que l'homme devait être le lien entre Dieu et l'univers et qu'il romprait inévitablement le contact entre celui-ci et Dieu dans la mesure où lui-même se détournerait de Dieu.

Ainsi le visage de Dieu n'est pas moins défiguré dans l'univers qu'il ne l'est dans l'homme qui se soustrait à Dieu. Dieu peut être victime en l'un et en l'autre et il l'est d'autant plus que son amour semble nié par les événements. C'est ce qu'atteste la Croix où Jésus assume, dans son innocence, tout le mal de l'histoire et du monde : la Croix où le mal a pour contrepoids la mort de Dieu.

Le scandale du mal s'explique ici et est supprimé tout ensemble : nous l'éprouvions comme une atteinte à la dignité humaine en la réduction de l'homme à la condition d'objet. Cela était juste, mais cela impliquait en l'homme une valeur infinie – inconcevable sans une référence à Dieu – livrée à l'absurdité d'une agression aveugle. C'était donc, finalement, la méconnaissance et le piétinement d'une dimension divine en l'homme qui nous paraissait, à bon droit, intolérable. Jésus affirme qu'il en est bien ainsi. Le mal crucifie Dieu. Dieu n'y est donc pour rien. Dieu en est la première victime. À l'origine du mal il y a, en effet, le refus, de notre part, d'assumer cette dimension divine, qui ne peut être que librement assimilée.

L'ordre du monde est un ordre d'amour. La création est une *histoire à deux* qui implique le consentement et la collaboration de la créature intelligente. S'ils font défaut, l'univers est soumis « à la servitude de la corruption » dans une catastrophe « divine » dont la Croix est la mesure.

Mais nous n'aurons garde d'oublier que nous sommes dans le temps pascal. Ce lien que nous sommes chargés d'établir entre l'univers et Dieu demeure notre vocation cosmique. Le monde ne peut atteindre qu'à travers nous à « sa délivrance ». Par la sobriété, la chasteté, la justice, la charité et la vérité, nous pouvons imprimer en lui cet ordre de l'amour qui conditionne son équilibre.

Saint Ambroise nous en donne l'assurance en étendant à toute la création le rayonnement de la Résurrection : « En lui le monde est ressuscité, en lui le Ciel est ressuscité, en lui la terre est ressuscitée. »

Mais cela ne peut s'accomplir sans nous, sans que nous vivions le mystère pascal, sans que nous acceptions, chacun pour sa part, de porter cette Croix qui embrasse tout l'univers.

Avril 1964

Pâques : Évangile des corps

IL EST IMPOSSIBLE de regarder les photos de l'enfant encore caché dans le sein maternel, publiées par *Match* le 12 février de cette année, sans éprouver le sens du sacré. Tout est lumière dans cette éclosion d'une vie dont le visage se dessine peu à peu avec une bouleversante précision.

Par contraste, il semble que la plupart des hommes s'acharnent à désacraliser la vie qu'ils ont puisée dans ce mystérieux recueillement : comme s'ils se hâtaient vers le cadavre où elle se défait.

Cette discontinuité entre la phase de gestation où l'être humain se construit dans une harmonieuse unité et la phase adulte où il se désagrège en se dispersant explique, pour une bonne part, la dépréciation, jusqu'au crime, de la vie réduite à des satisfactions matérielles et le recul, parfois désespéré, devant la mort qui clôt brutalement une existence qui s'est usée sans rien ajouter au capital d'énergies avancé à chacun par la nature. Tout paraît fini et seul un espoir sentimental chez ceux qui restent peut rêver, pour le défunt, d'une survie que rien ne semble cautionner.

La *résurrection* du Christ introduit une nouvelle perspective. Elle nous invite à penser que la mort peut n'être pas une fin mais une libération définitive des nécessités qui nous rivent à l'univers, une nouvelle naissance à une vie qui se porte elle-même : à condition de s'être conquise au cours de l'expérience terrestre.

La nature, en effet, a pu construire sans nous l'organisme délicat et si nettement différencié du corps maternel que les photos de *Match* offrent à notre admiration. Nous seuls, en revanche, pouvons nous différencier de l'univers dans lequel nous avons été jetés à l'instant où nous sommes nés.

Cela exige que nous n'abandonnions pas notre corps aux impulsions qui le rendent complice des dépendances qui l'enracinent dans le monde sensible : en l'intériorisant, en le traitant comme une personne, en lui reconnaissant une éminente dignité.

La beauté d'un corps humain, n'est-ce pas justement d'apparaître dans une lumière qui émane du dedans, en laissant transparaître le Centre éternel auquel toutes ses fibres nous renvoient ?

Quand saint François va mourir, il n'est tout entier qu'une flamme qui s'élance vers l'Amour qui l'embrase. Il est libre de tout parce qu'il n'a rien voulu posséder. Son corps luit sur la cendre où il est couché comme le cierge pascal s'allume au « lumen Christi ».

Toute une théologie du corps se dégage de la résurrection du Seigneur. Elle n'en épuise pas le mystère. Elle en souligne pourtant un aspect qui nous concerne immédiatement dans la vie de chaque jour.

En nous appelant à vaincre la mort, elle nous apprend à immortaliser notre chair en l'immergeant dans la vie divine qui en fait un sanctuaire et lui confère, ainsi, la plus haute dignité.

Le sens du sacré qui nous pénètre devant cet enfant de vingt-huit semaines, vêtu, comme d'un voile, de sa membrane amniotique : il ne s'éveille pas avec un moindre émerveillement en face d'un visage adulte qui porte le rayonnement de la Présence qui nous libère de nos limites et nous éternise tout entiers en nous unifiant, de l'intérieur, dans le Centre unique qu'elle est.

Avril 1966

Une vie pascale

L'IMMORTALITÉ de l'homme ne peut nous devenir sensible qu'à titre de victoire sur la mort dans notre vie terrestre.

Quand le père Kolbe, à Auschwitz, accepte de mourir de faim et de soif à la place d'un camarade – père de famille désespéré par la proximité d'une exécution qui va le séparer définitivement des siens –, l'admiration des bourreaux eux-mêmes signifie que, aux yeux de tous, il se révèle comme le vainqueur de la mort.

Cela veut dire que c'est par la mort qu'il va atteindre le sommet de la grandeur. On n'imagine pas, en effet, que puisse périr une valeur qui se constitue précisément par le sacrifice librement consenti de la vie physique.

Tout le monde, dans le camp, sent que le père Kolbe entre dans la mort comme un grand vivant, comme tout le monde sentirait qu'un traître, qui n'échapperait à la mort que pour avoir livré ses camarades, aurait sauvé sa peau mais serait, à cause de cela même, indigne de vivre.

On voit clairement, dans cet exemple, que la vie physique, chez l'homme, ne signifie rien si elle n'est pas assumée et transfigurée par une autre vie qui lui confère une valeur que la mort, non seulement est incapable de détruire, mais dont elle peut être, au contraire, la suprême réalisation.

Cette autre vie se situe, il est à peine besoin de le dire, *avant* la mort. Elle surgit, comme une nouvelle naissance, par le don de soi qui peut seul nous affranchir de la nécessité de subir notre existence, en faisant d'un amour infini qui nous prend tout entiers notre véritable origine.

C'est ainsi que nous devenons, en quelque sorte, les créateurs de nous-mêmes : par cette possibilité de ne rien subir, en donnant tout, et *d'abord* nous-mêmes, en refusant avant tout de *nous* subir.

Cela revient pratiquement à laisser vivre et transparaître en nous la Présence infinie, « plus intime à nous-mêmes que le plus intime de nous-mêmes », qui est seule capable de susciter et d'accueillir ce don illimité de nous-mêmes : qui fait seul de nous des hommes libres.

On discute beaucoup, en ce moment, du contrôle des naissances et du célibat des prêtres. On semble toujours partir d'une morale ressentie comme un joug qui accable la nature et empêche son épanouissement.

C'est bien, en effet, ce qu'est une morale prise comme une règle qui s'impose à nous du dehors.

Mais tout change si la morale se confond avec l'exigence créatrice, dont l'accomplissement est l'unique source de notre liberté : en l'offrande qui nous fait renaître de l'amour, sans autre lien avec nous-mêmes que le don qui engendre en nous l'espace illimité où notre humanité respire.

Notre grandeur est de garder vierge cet espace qui fait de notre intimité un univers sans frontières, capable d'apparaître aux autres comme un bien commun. Aussi bien, comment pourrions-nous revendiquer notre dignité, sans respecter en nous-mêmes cette zone inviolable dont le piétinement par autrui est ressenti comme la suprême injure ? La seule manière de défendre la valeur qui fonde nos droits est évidemment de la réaliser, et non de quêter une dispense d'en assumer la responsabilité, en exigeant paradoxalement des autres qu'ils s'inclinent devant nos servitudes.

Notre corps lui-même ne deviendra vraiment nôtre qu'en s'enracinant dans cette libération, d'où notre personnalité surgit comme une présence universelle. Comment espérer autrement que la mort puisse être vaincue ?

Croire à la grandeur infinie de l'homme fidèle à sa vocation de créateur, c'est croire aussi, nécessairement, à la dignité infinie du corps humain.

Là est le principe d'une chasteté authentique, qui est l'amour divin du corps humain, toujours plus harmonieusement intériorisé dans une vie pascale où s'actualise, jour après jour, le mystère de la Résurrection.

Mars 1967

Les témoins de la Résurrection

L'ÉPISODE DES DISCIPLES d'Emmaüs nous rend sensible le désarroi des amis de Jésus après la catastrophe du vendredi saint. Tous leurs espoirs semblent ensevelis dans le tombeau du Maître crucifié. En réalité, il chemine avec eux et, au terme de leur voyage, ils reconnaîtront sa présence à la fraction du pain.

Tous les récits évangéliques soulignent l'effet de surprise qui caractérise les apparitions du Christ. La frayeur, le doute, la joie se succèdent dans le cœur des témoins, comme s'ils émergeaient difficilement d'un cauchemar. Le scandale de la Croix les a trop profondément marqués pour qu'ils n'éprouvent pas une certaine hésitation à reconnaître la présence de leur Seigneur.

Un des traits les plus frappants de ces manifestations, en effet, c'est qu'elles s'adressent exclusivement aux disciples. Jésus ne s'est présenté ni au grand prêtre, ni à Pilate, ni à aucun des responsables de sa condamnation : pour les confondre en leur donnant la preuve tangible qu'ils avaient manqué leur coup. Ses apparitions visent uniquement à ranimer la foi de ceux qui doivent être les messagers de son Évangile.

Mais la foi implique un engagement et elle est d'autant plus clairvoyante que cet engagement est plus profond. Et, là encore, il faut noter que les témoins ne comprennent pas plus le sens de la résurrection du Seigneur que celle de sa mort. Leur dernière question au moment de son ascension porte, en effet, sur le rétablissement du royaume en faveur d'Israël. Il faudra le baptême de feu de la Pentecôte pour leur ouvrir les yeux et les introduire dans le secret de la nouvelle Alliance.

On peut donc penser que les apparitions de Jésus se proportionnent à leur foi. Elles suffisent à les convaincre qu'il est vivant et qu'il a vaincu la mort, qu'il n'est plus lié au monde physique, mais qu'il peut encore librement s'y manifester. Elles ne les éclairent pas sur la portée spirituelle de l'événement pascal, pas plus que sur celle de la Croix.

C'est, du moins, ce qui ressort des récits évangéliques qui reflètent, à notre étonnement, étant donné la date relativement tardive de leur rédaction, toutes les ambiguïtés d'une foi que le Saint-Esprit n'a pas encore radicalement épurée. On peut donc penser qu'ils remontent à une tradition très primitive qui a su préserver l'impression toute vive de cette période d'attente qui s'étend de Pâques à la Pentecôte.

Tels qu'ils sont, ces textes impliquent, en tout cas, deux conclusions. La première est que, sans les apparitions de Jésus, les disciples auraient été amenés à reconnaître qu'ils s'étaient trompés, que Jésus n'était pas vraiment le Sauveur dont ils attendaient la délivrance de leur peuple. La deuxième est que, sans la Pentecôte, ils n'auraient rien su tirer de cette résurrection où ils ne voyaient que la possibilité pour leur Maître, revenu à la vie, de réaliser leur vieux rêve de restauration de la royauté en faveur d'Israël.

On voit, de toute manière, que l'événement pascal ne peut être perçu qu'à travers la foi des disciples et qu'il ne cessera de s'éclairer avec les progrès de cette foi.

Le témoignage de saint Paul nous aidera considérablement à le mieux saisir. Il suffit cependant, pour en pressentir l'immense importance, de retenir, des récits évangéliques, qu'Il a restauré la confiance des disciples, autant qu'il était nécessaire pour leur permettre d'attendre un avenir qu'ils étaient totalement incapables d'imaginer et de s'en remettre au don de l'Esprit Saint pour découvrir la vraie nature du Royaume: dans la présence du Seigneur au plus intime d'eux-mêmes.

C'est ce passage du dehors au dedans qui leur fera découvrir le vrai visage du Christ ressuscité.

Mars 1968

Mort et résurrection

JÉSUS EST MORT de notre mort : c'est de là qu'il faut partir pour situer l'événement de sa résurrection. Les ténèbres intérieures qui enveloppent l'agonie et la mort de Notre-Seigneur reçoivent, en effet, leur plus profond éclairage de cette parole de saint Paul : « Celui qui n'avait pas connu le péché, Dieu l'a fait péché pour nous, afin qu'en lui nous devenions justice de Dieu. »

Aussi bien est-ce en raison de cette identification avec le péché que la mort de Jésus a eu le caractère unique du combat insoutenable auquel il a succombé. Il a été envahi par le mal commis par toutes les générations humaines, dont son amour le rendait solidaire, comme s'il en était personnellement coupable, comme si son supplice le liait à ce mal, en imprimant dans tout son être la sanction qu'il appelle.

C'est cette coexistence en lui d'une culpabilité illimitée – la nôtre – qu'il avait à assumer pour nous en guérir, et d'une innocence infinie – la sienne – qui fit éclater son cœur. Plus que des blessures de ses membres cloués, il est mort d'une mort intérieure, déchiré par ce mal qu'il portait sans l'avoir commis.

Si l'on se rappelle, devant cette fin inexprimablement tragique, le mot de saint Pierre au peuple de Jérusalem (Ac 3,14) : « Vous avez réclamé la grâce d'un assassin, tandis que vous faisiez mourir l'Auteur de la vie », on prend conscience du miracle de cette mort du Seigneur, qui ne résulte pas d'abord en lui d'une rupture dans son être physique, mais d'une identification volontaire avec les fautes où s'enracine notre mort.

Ce qui fait scandale, aussi bien, en l'abandon auquel Jésus est livré à son agonie et dans son supplice atteste, précisément, qu'il meurt de notre mort dans un indicible martyre d'amour.

C'est pourquoi la résurrection lui est « due » : comme la révélation du sens de sa mort, assumée par « l'Auteur de la vie », en contradiction avec la structure de son être, dont l'humanité subsiste en l'éternité de Dieu.

C'est cette exigence intérieure qui fait de la résurrection de Jésus un événement unique : comme un retour à sa propre identité, rompue en notre faveur par son immolation rédemptrice.

L'équilibre est ainsi rétabli entre la mort en laquelle il s'identifie avec nous et la Vie qu'il est. La signification du vendredi saint s'éclaire dans la lumière de Pâques par le lien intérieur qui unit, dans la même Personne, la victime qui s'offre en sacrifice et l'« Auteur de la vie ».

Sans ce resurgissement du tombeau, la mort de Jésus eût été une défaite absurde et scandaleuse, dont le souvenir même aurait immédiatement disparu.

Si sa croix se dresse au sommet de notre histoire, si sa mort est le seul chemin vers notre libération, c'est que sa résurrection nous en révèle le sens, en attestant, justement, qu'il est mort de notre mort pour nous immerger dans la Vie qu'il est.

1970

L'expérience de la résurrection

LES ASTRONAUTES sont restés terrestres sur la lune. Ils ont, en effet, emporté dans leur équipement tout ce qui était nécessaire pour l'accomplissement de leurs fonctions organiques : oxygène, nourriture, climatisation.

Notre corps, tel qu'il est, présente une structure si rigoureusement adaptée à la vie sur notre planète qu'il ne peut subsister sur une autre qui n'offre pas les mêmes conditions.

Le génie scientifique qui a su réaliser, avec un plein succès, le voyage lunaire nous a rendu sensibles, par les extraordinaires précautions requises pour le protéger, les limites du corps humain.

Ce ne sont d'ailleurs pas ces limites qui nous intéressent dans le « voyage lunaire » de notre vie. Sauf dans le cas d'une maladie qui trouble gravement leur fonctionnement, nous ne prêtons aucune attention à la respiration et à la digestion des autres. Ce que nous cherchons, à travers leur apparence physique, c'est une présence humaine où leur personnalité se fait jour.

Cette présence comporte d'innombrables degrés. Il est rare qu'elle se manifeste dans une parfaite lumière ; il est rare, autrement dit, qu'un corps soit intégralement vêtu de son âme. Nous sommes d'autant plus comblés quand cela se produit, quand une impression de pure intériorité se dégage d'une rencontre qui nous fait passer nous-mêmes du dehors au dedans.

Alors se révèle l'humanité du corps, sa dignité inviolable et sa vocation d'immortalité : en l'effacement des fonctions organiques qui le relient à son habitat terrestre. Et l'on pressent, dans ce rayonnement d'un être qui nous purifie par sa clarté, que la vraie vie est une *sur-vie* indépendante en son essence de son enracinement dans l'univers physique.

Il suffit parfois d'une seconde pour qu'un visage, dont nous ne retenons même pas les traits, suscite en nous une source de lumière à laquelle nous ne cesserons jamais de puiser.

Pour peu que l'on ait bénéficié de telles expériences, on ne saurait douter de ce pouvoir merveilleux de présence qui constitue et qui révèle l'humanité de notre corps et son aptitude à vaincre la mort, en resurgissant avec une puissance accrue de manifestation, après avoir été affranchi des limites de sa condition terrestre.

C'est en devenant nous-mêmes une présence authentique, c'est en éprouvant l'intériorisation de notre corps dans une victoire progressive sur nos servitudes instinctives que nous nous disposerons le mieux à vivre la résurrection du Christ comme un événement qui nous concerne, en anticipant dans la glorification de son corps celle du nôtre.

Rien ne peut davantage concourir à notre dignité que ce triomphe pascal du Seigneur, qui nous engage à faire de notre corps, dès maintenant, une demeure d'éternité, en nous offrant de le consacrer par la présence infinie qu'il est.

Avril 1971

Lumen Christi

UN PÈRE de famille qui est la providence matérielle de ses enfants ne profitera pas de leur dépendance totale, à cet égard, pour contraindre leur conscience en leur imposant tous ses goûts et toutes ses opinions. S'il est digne de sa mission, il respectera scrupuleusement l'inviolabilité de leur vie intérieure, en s'efforçant de l'éclairer *du dedans* par la vérité de sa propre vie et le rayonnement de son amour.

Dieu est, par excellence, à un degré infini, ce Père de famille à qui nous devons tout, mais qui a, en quelque sorte, annulé cette dépendance, en nous laissant libres en face de lui, pour faire de nous ses amis, et non ses serviteurs.

C'est dans cette liberté, qui nous est accordée, que la création atteint sa vraie signification. Dieu ne saurait nous contraindre. Il nous confère le pouvoir de nous choisir et de le choisir. Sous cet aspect, on peut dire que la création comporte, de Son côté, un risque qui a la Croix pour mesure.

Notre liberté peut, en effet, s'affirmer contre lui, et empêcher sa présence de se révéler à travers nous, en éteignant l'Esprit, comme dit saint Paul, et en privant l'univers de la dimension qui peut seule lui donner un sens.

Son obstination à nous aimer aboutira, pour faire contrepoids à tous nos refus, à la nuit de l'agonie et aux ténèbres de la crucifixion, où il meurt pour que nous cessions de nous livrer à la mort, en laissant sa vie devenir la respiration de la nôtre.

Sa résurrection nous prouve que c'est bien lui qui est mort, et qu'il est mort de notre mort, en s'identifiant avec nous dans nos ténèbres, pour que nous consentions, enfin, libérés de nous-mêmes, à devenir, joyeusement, lumière dans sa lumière.

Février 1972

La tentation

NOUS CHERCHONS tous le bonheur, nous cherchons tous une joie qui nous comble et qui n'ait pas de fin.

Un bien infini, une Présence illimitée, peuvent seuls correspondre à un tel désir. La tentation prétend nous offrir le plus court chemin pour atteindre le bonheur. C'est en cela que réside son pouvoir de séduction. Elle colore d'une apparence infinie les jouissances à portée de main en nous voilant leurs limites pour nous entraîner vers elles avec toute la puissance de notre désir.

Cela commence par une suggestion qui, si nous ne réagissons pas, suscite en nous une attraction, d'où résultera – à moins d'un vigoureux redressement – le consentement. C'est alors que le fruit merveilleux que la tentation promettait prendra son goût d'amertume, tandis que nous nous sentirons frustrés de l'infini que nous croyions atteindre et qu'il est impossible d'obtenir – nous en faisons alors la dure expérience – sans Le préférer à tout ce qui n'est pas Lui.

L'Évangile d'aujourd'hui nous rend sensibles les exigences de ce choix. Au lieu de la voie facile suggérée par le tentateur, Jésus choisit l'abandon total à la volonté divine, qui doit aboutir à la rédemption par la Croix. Il anticipe ainsi sa Passion au départ même de sa vie publique, ordonnée comme toute son existence terrestre à notre libération des faux biens qui nous empêchent de reconnaître le Bien.

Le plus sûr moyen de ne pas nous tromper est de faire crédit, comme lui, à l'Amour infini en nous inspirant de ce mot admirable de saint Augustin : « Es-tu tenté de fuir loin de Dieu ? Prends la fuite en Dieu. »

Mars 1974

Vocation d'immortalité

Méditation pour la Toussaint

UN ÊTRE plein de lui-même nous donne toujours l'impression du vide : d'autant plus poignante qu'il est mieux doué. Ses dons restent étrangers à l'égoïsme animal dont il s'aime et nous sentons qu'il les trahit en s'en faisant hommage et en nous offrant cette façade derrière laquelle il n'y a personne. Car la personne est l'être-source qui restitue les dons qu'il a reçus : dans un jaillissement d'amour où nous devient sensible l'Amour vers lequel son visage est tendu.

Et c'est là, justement, le propre du génie : de nous mettre en contact avec plus que lui-même. Mais c'est, bien davantage encore, le privilège de la *sainteté* : ce génie du génie où tout l'être n'est plus que transparence à Dieu.

L'admiration et l'amour qu'elle nous inspire n'ont pas d'autre objet : c'est la Présence divine où ils s'effacent qui nous fascine chez les saints et, si nous les prions, c'est pour être introduits, par leur amitié, dans le dialogue d'amour où la créature se perd en Dieu.

La Toussaint, qui nous associe à l'offrande que font d'elles-mêmes *toutes* les âmes éternellement consommées dans l'Amour – que l'histoire fasse ou non mention de leur passage ici-bas –, est donc, par excellence, la *Fête-*

Dieu où, dans le cœur des saints, la Trinité divine est chantée.

En nous faisant entrer dans cette immense procession de lumière et d'amour, l'Église nous ramène au centre de toutes nos tendresses. Car, enfin, comment atteignons-nous l'intimité de nos aimés, sinon par l'échange de Dieu, qui seul nous rend vraiment intérieurs à eux comme à nous-mêmes. Maintenant, déjà, c'est à travers le Ciel que nous nous joignons les uns les autres : à travers cet *au-delà, au-dedans,* que se nouent les liens de nos plus chères amitiés.

La mort ne change rien à ces rapports dont l'Éternel est le secret, et nos bien-aimés, disparus à nos yeux, ne cessent point de vivre, au plus intime de nous-mêmes, en Dieu qui est la Vie de notre vie.

Il suffit, pour les retrouver, de nous recueillir dans le silence de nous-mêmes et d'adhérer à la Présence qui contient toute présence.

Alors se poursuit la conversation ineffable dont le Verbe est l'unique Parole et nous entrons, avec eux, *dès aujourd'hui* dans la *Toussaint* triomphante où l'amour de l'homme et l'amour de Dieu ne sont plus qu'un seul et même amour.

Novembre 1947

La Toussaint

LES DEUX GUERRES MONDIALES, où la mort a multiplié ses tragiques moissons, ont reconduit les vivants vers les cimetières. Un appel irraisonné les rassemble autour des tombes qu'ils viennent fleurir dans le recueillement ému qui est, pour beaucoup, la seule prière et la seule religion.

Il serait injuste de sous-estimer l'importance de cette grande procession d'amour. L'oubli ne voue donc pas définitivement les défunts à cette mort du cœur qui est pire que la mort physique. Mais il y a plus encore dans ces foules silencieuses : le sentiment que tout n'est pas fini, qu'un lien subsiste, qu'une présence demeure, qu'un échange enfin reste possible.

C'est tout cela que recouvre, dans son mystère, la notion de purgatoire. La dignité humaine ne réside pas en des cellules périssables et nos tendresses cherchent, à travers une chair fragile, le visage éternel où la personne a son secret. La vie quotidienne souvent le voile sous l'amoncellement de ses soucis. Le purgatoire brise ce masque douloureux, où chacun se cache à lui-même et à autrui, et l'être devient, enfin, pleinement lui-même en l'amour qui est sa seule occupation.

Et comme Dieu est le foyer de cet amour qui précipite l'âme vers lui, en consumant les limites qui empêchent le face-à-face de la rencontre, nous pouvons penser que tout cela se passe en nous, qui sommes le temple de Dieu.

Nos bien-aimés ne nous ont point quittés. Ils demeurent dans le sanctuaire de notre âme où ils attendent que notre amour achève ce qui manque au leur pour que l'union, entre eux et nous, devienne chaque jour plus vivante et plus profonde dans une commune respiration de Dieu.

Octobre 1952

Où sont nos morts?

QUAND NOUS SAURONS où sont les vivants, nous saurons où sont les morts. Quelle absence le plus souvent, quel mur nous sépare de ceux qui nous entourent! Livrés chacun à nos déterminismes, durcis par nos déceptions, asphyxiés par le masque que nous imposent des fonctions anonymes et des attitudes conventionnelles, nous nous heurtons tout le jour à des visages fermés où ne respirent que les instincts qui les nouent. Hostiles parce qu'ils souffrent, il n'y a d'authentique en eux que la douleur stérile des servitudes qu'ils subissent.

Si cette douleur est comprise, si une tendresse infiniment respectueuse en dénoue la crispation, si un climat de parfaite confiance abolit toute raideur en supprimant toute menace, il se produit souvent une merveilleuse transfiguration. Le visage s'illumine, peu à peu, d'une clarté intérieure qui en efface toute amertume, et une présence infinie se fait jour dans le sourire où toute la vie se concentre. Il n'y a plus de mur. Les âmes se touchent et s'échangent dans le silence diaphane où Dieu se respire.

On aperçoit nettement, dans ces instants privilégiés, que la vie se situe au niveau d'un Amour qui nous dépasse autant qu'il nous comble, qui nous délivre de nous-mêmes autant qu'il nous fait naître à nous-mêmes. Nous sommes en lui comme il est en nous, et notre existence n'est que notre dialogue avec lui. Quand les mains se joignent dans la tendresse où les âmes communient, c'est qu'elles naissent, ensemble, d'un même Cœur intérieur à chacune qui leur communique sa propre infinité.

C'est là que les vivants ont leur demeure et leur berceau : dans ce Cœur unique, dans ce Ciel au plus intime d'eux-mêmes où toute frontière disparaît dans le Mystère où tous se joignent en une commune respiration.

Ne cherchons pas ailleurs les morts dont notre amour refuse d'admettre la disparition. Leur vrai visage et leur éternelle identité empruntent à la même Présence que les nôtres le secret inépuisable dont veut à jamais se nourrir notre tendresse. Nous avons avec eux le même lien qu'avec les vivants. Ils ne sont pas là-bas, derrière les étoiles, mais dans ce Cœur immense qui bat dans le nôtre, où toutes les présences se font jour dans le recueillement de l'Amour, où tous les visages se reconnaissent en l'échange de Dieu.

Novembre 1953

L'amour plus fort que la mort

LES CIMETIÈRES vont fleurir de toute la tendresse que la prière chrétienne voue aux défunts. La foule des vivants se pressera autour des tombes, pour exorciser l'oubli qui menace toujours les absents, avec le vague espoir que ce geste consolera les disparus. La plupart n'analyseront pas le sentiment qui les meut. Ils ne concluront pas : donc tout n'est pas fini, la mort ne coupe pas tous les liens, un échange demeure possible, une certaine existence se poursuit où les vivants peuvent réellement joindre les morts.

Mais il suffit qu'une telle conviction soit vécue pour ouvrir la porte à toutes les espérances, puisqu'elle contient l'affirmation, discrète comme la voix du cœur, que l'amour ne peut pas mourir.

Aimer, en effet, c'est dire *toi* au lieu de *moi*, c'est se dépasser pour offrir à un autre un espace sans limites, c'est introduire la distance infinie de respect et d'estime qui nous empêche de le confondre et qui le préserve de s'identifier avec sa biologie.

C'est du moins là ce à quoi tout amour aspire : atteindre l'autre dans cette différence créatrice où la personne se fait jour, en exprimant, dans tout son être, le visage unique et irremplaçable de son éternité.

Et, sans doute, il s'en faut que tout amour aboutisse à cette parfaite rencontre qui déjoue toutes les fatalités biologiques où la mort est embusquée. Il est rare que la chair se transfigure au point de ne mêler plus, à nos tendresses, aucune pesanteur, aucune opacité.

Mais si elles survivent à la disparition du corps, c'est qu'elles le dépassaient, et si elles s'en vont en pèlerinage sur les tombes, à l'appel de la Toussaint, c'est pour y offrir cette part d'elles-mêmes qui est toute pureté et que la mort, justement, a dégagée de tout alliage.

Cet immense cortège des fidélités posthumes, en nous rendant sensible ce qui demeure, nous ramène ainsi à l'essence de l'amour et nous invite à en éliminer tous les éléments caducs, pour qu'il soit tel dans la vie qu'il puisse, dans la mort même, triompher de la mort.

Novembre 1954

Écoutez le silence

LE CIMETIÈRE est si beau que l'on pourrait s'y promener comme dans un jardin. On n'y entend que les fleurs qui chantent en couleurs le silence qui vous y accueille, à l'entrée, pour vous conduire à ce tout petit jardin qui cache, dans le grand, le secret de votre douleur. Vous l'auriez presque oubliée, en traversant ces allées où la vie végétale offrait, à chaque pas, un nouveau triomphe à contempler.

Et, maintenant, vous savez pourquoi vous êtes dans ce parc où l'on parle à voix basse. C'est la place vide à la maison que vous essayez de remplir, en refaisant toujours en esprit ce dernier trajet qui l'a conduit ici, comme si d'être encore en route entre ces deux demeures, il n'était pas vraiment parti.

Car c'est un vivant que vous cherchez sous cette croix où se lit le nom que votre cœur ne cesse de prononcer. Vous n'êtes pas dupes de ces deux mètres carrés que vous êtes venus fleurir, comme on fait d'une image à l'église. Ce n'est pas là que repose votre trésor. Vous n'êtes pas tentés d'interroger le jardinier, comme fit la Magdeleine à l'aube de Pâques : « Mais où est-il s'il n'est pas ici ? »

Écoutez le silence.

Que saviez-vous de lui ? des bribes de confidences, des intuitions fugitives, des souffrances tues et devinées : et puis le raidissement soudain d'une âme qui ne veut pas se trahir et on ne sait plus quel langage lui parler. Et un certain soir, vous vous en souvenez, comme vous écoutiez ensemble de la musique, tout s'est détendu. Rien n'a été dit, mais toute sa présence a circulé en vous ! Car le silence est la voix de l'amour : parce qu'il ne limite rien, parce qu'il touche avec des mains d'ange, parce qu'il laisse passer Dieu.

Si vous le laissez vivre en vous, vous allez redevenir cet espace sans frontières que vous étiez certains soirs et, en lui restituant sa vraie grandeur, vous retrouverez en vous l'aimé dont le silence, naguère, vous a révélé le secret : dans l'échange et la respiration de Dieu.

Novembre 1955

La sur-vie

OÙ SONT les morts et quel est leur destin ?

J'ai vu des enfants jouer dans un cimetière. La pensée de la mort ne les effleurait pas. Les adultes s'affairaient auprès des tombes, comme si leurs défunts pouvaient être encore sensibles aux soins donnés à la terre qui couvre leur dépouille. Cette piété des survivants à l'égard du cadavre d'un être cher est aussi vieille que l'humanité. Elle implique un espoir. Tout ne peut être fini puisque les morts sont entourés d'honneurs qui témoignent de leur dignité.

Rien de plus vague pourtant qu'un tel espoir, dès que l'on essaie de le formuler. Les morts dorment, se reposent, ont fini de souffrir. Ils jouissent d'un bonheur infini ou paient le prix de leurs fautes. Ils sont hors d'atteinte ou, au contraire, ils peuvent communiquer avec nous, et nous avec eux. Toutes ces affirmations ont leurs adeptes, mais il en est bien peu qui soient capables de les fonder.

La difficulté provient de la rupture que l'on suppose insurmontable entre la vie et la mort. Comme personne, parmi les vivants, ne peut dire ce qui se passe *après*, on semble réduit à des conjectures où l'imagination et le sentiment peuvent se donner carrière.

La *dignité* que l'on honore dans la dépouille humaine permet, pourtant, de jeter un pont sur cet abîme. Si le cadavre est sacré, aussi bien, à plus forte raison, la vie dont il évoque la présence disparue. Mais ce n'est évidemment pas des éléments matériels livrés à leur propre jeu, et maintenant en voie dissolution, que la vie tenait ce caractère : mais de la puissance de dépassement qui lui permettait de crever le plafond des instincts et d'accéder à un mode d'existence supérieur à toutes les ressources de biologie animale. C'est, en effet, parce qu'il peut prendre une distance infinie à l'égard de la bête en lui, parce qu'il est une capacité d'infini engagée dans tout acte vraiment libre, que l'homme peut faire de lui-même une *valeur* universelle, une source inépuisable de bien, une présence qui ne passe pas.

Seul de tous les êtres qui vivent sur la terre on peut dire de lui que *sa nature est de dépasser sa nature.* Dans la mesure où il est fidèle à cette vocation, il ne fait donc rien d'autre ici-bas que de construire la *sur-vie* où il s'éternise. La mort n'a évidemment aucune prise sur cette *sur-vie.* Elle n'emporte que les éléments qui n'ont pu être éternisés et qui sont déjà morts.

J'ai rencontré récemment un homme exceptionnel, auquel des forces déclinantes refusent toute possibilité de travail, mais dont la seule présence est une telle lumière que je me suis dit : il existe, cela suffit ; il existe, c'est son plus beau chef-d'œuvre ; il existe et déjà il a vaincu la mort.

Tous ceux qui sont couchés dans les cimetières ont pu apercevoir, un jour ou l'autre, cette exigence de dépassement qui amorce, en toute vie, la *sur-vie.* Ils sont d'autant plus sûrement vivants qu'ils s'y sont plus généreusement conformés. Ce qui peut manquer à leur fidélité, notre prière et notre amour doivent s'efforcer d'y suppléer et l'accompliront effectivement dans la mesure où nous atteignons nous-mêmes, dès maintenant, à la *sur-vie.* Nous élever, c'est donc concourir à l'éternelle croissance de nos chers défunts en donnant une valeur de réalité à cette affirmation qui enferme la plus haute espérance : l'amour est plus fort que la mort.

Novembre 1956

Présence de Toussaint

RIEN N'EST PLUS RARE qu'une authentique présence humaine. Nous entrons presque toujours dans les cadres tout faits d'un langage qui s'accorde avec nos instincts et nos préjugés, et nos réactions les plus vives ne sont généralement que l'expression des humeurs qui nous dominent. La plupart des êtres nous ressemblent et leur conversation est un tissu de banalités ou l'étalage plus ou moins déguisé de leur amour-propre. Nous cherchons en vain un contact qui nous livre quelque chose de leur intimité. Nous ne rencontrons que des masques : il n'y a personne.

Rien n'est plus difficile, en vérité, que d'atteindre à ce centre où l'homme réalise son unité et devient enfin lui-même dans l'espace de lumière où sa personnalité surgit comme une liberté qui nous accueille, comme un don qui comble notre attente.

Il faut même dire que c'est impossible tant que nous ne sommes pas devenus nous-mêmes une générosité disponible, en regagnant la région silencieuse où notre vie s'enracine en Dieu.

Dieu, qui est le seul chemin vers nous-mêmes, est aussi le seul chemin vers les autres. Ainsi notre intimité avec eux a juste le même degré que notre intimité avec lui.

La vraie fraternité humaine est une communion des saints.

La Toussaint affirme et resserre cette chaîne d'amour où Dieu circule entre tous ceux qui vivent de lui en deçà ou au-delà de la mort. Elle veut nous les rendre tous présents dans le Cœur du Seigneur qui bat dans le nôtre. Elle nous apprend ainsi à éterniser nos tendresses en les nouant au foyer divin, où elles reçoivent leur plénitude et où elles demeurent à jamais en nous des présences vivantes et réelles.

Novembre 1957

La vocation d'immortalité

LES SPOUTNIKS et les luniks illustrent magnifiquement le pouvoir qu'a l'homme de dépasser ses limites organiques. Nos sens nous orientent dans l'espace immédiat où notre corps se meut. Notre pensée refuse de se borner et invente les moyens de vaincre la distance et la pesanteur. On pouvait sourire devant l'importance que s'attribuait l'habitant chétif d'une petite planète perdue comme un atome dans l'immense univers. Mais notre pensée a pu mesurer cette immensité, peser les astres, définir et prévoir leur cours, analyser leur substance et leur adjoindre des satellites. Nos fusées commencent à les atteindre et nous sommes sur le point de nous embarquer pour les voyages où nous quitterons la terre, en rétablissant à chaque étape, par nos inventions, les conditions indispensables à notre intégrité physique.

Comment ne pas reconnaître, dans cette prodigieuse conquête de la science, l'indice d'une vocation qui concerne l'homme tout entier ? Cette possibilité de décoller du champ sensoriel primitif ne présenterait, en effet, aucun intérêt, si elle n'aboutissait qu'à l'agrandissement matériel de notre espace et si nous ne gagnions les astres que pour exaspérer nos rivalités et aggraver nos conflits. Elle n'est admirable que dans la mesure où elle s'accompagne d'un affranchissement de notre biologie, en inscrivant dans toutes les fibres de notre être le sursaut de liberté qui nous arrache à la bête. Toute notre noblesse, aussi bien, est de n'être pas réduits à subir nos besoins ou nos instincts et, après avoir été portés par l'univers, de pouvoir le porter à notre tour en y traçant les chemins de la pensée qui l'assume au plan de l'esprit. Ainsi s'établit une distance de respect entre nous et les choses, et du même coup entre nous et nous-mêmes, d'où émerge une Présence inépuisable dont la rencontre nous introduit dans la gratuité de la contemplation et de l'amour. Nous ne sommes plus rivés aux déterminismes cosmiques, nous cessons d'être un fragment et un moment d'univers. À travers tous les phénomènes circule une Lumière qui nous transforme en elle, en faisant de toute conscience qui s'y prête le foyer et le centre de son rayonnement.

C'est par là que chacun de nous peut devenir une valeur irremplaçable où l'évolution et l'histoire prennent un sens et à laquelle la puissance technique dont nous disposons doit être rigoureusement subordonnée. Car s'il est monstrueux de la tourner contre l'homme, c'est que chacun est la chance d'un suprême Bien qui est, à la fois, le couronnement de l'univers, le trésor commun de l'humanité et la révélation sensible de Dieu, dont l'identité transparaît dans la réciprocité des consciences, toutes axées sur la même valeur et communiquant à travers elle.

On ne peut concevoir qu'un tel bien périsse, que l'évolution se renie en sa plus haute cime et que le jeu normal des lois naturelles aboutisse à la destruction totale d'un être doué de conscience dont la suppression nous apparaît comme un crime. Dans cette hypothèse, en effet, plus rien n'aurait de sens et l'astronautique ne serait plus que l'entreprise dérisoire d'une espèce animale dont la disparition n'aurait pas plus d'importance que celle d'une punaise ou d'un virus.

Si l'on prend au sérieux la valeur humaine, il en faut reconnaître la transcendance. Elle se constitue, en effet, comme liberté par une transformation créatrice du donné en don, qui use des déterminismes naturels en les dépassant, et nous l'éprouvons, chaque fois que nous avons le privilège de la rencontrer, comme centre de rayonnement et de ralliement, comme dignité inviolable et irremplaçable, comme origine et comme fin.

La plupart du temps, il est vrai, cette valeur transcendante de l'homme demeure un simple possible dans une vie livrée aux instincts et écrasée par la misère ou le bruit. Dans un tel climat, l'immortalité apparaît chimérique, car il n'y a aucune raison de perpétuer la brute ou le médiocre. Elle est assurément inscrite dans ce culte que l'humanité a toujours voué à ses morts et que nous professons nous-même en ces jours de Toussaint. Mais elle ne sera pleinement reconnue qu'en s'actualisant dans notre vie de chaque jour : par la sobriété, la chasteté et la pauvreté, qui font de toute notre existence, en nous libérant des servitudes cosmiques, une permanente victoire sur la mort.

Novembre 1959

La grande couveuse des âmes

« NE DÉCLARE personne heureux avant sa mort », disait un proverbe antique. C'était une manière prudente d'admettre qu'un malheur est toujours possible et que l'on risque de provoquer la « Fatalité » qui tisse le destin des hommes en affirmant que tout va bien. Mieux valait se faire petit pour passer inaperçu aux yeux de cette « puissance » qui n'aime pas qu'on lui force la main.

On pourrait dire que la sagesse chrétienne se tient juste aux antipodes et qu'elle s'attache à nous convaincre *qu'un bonheur est toujours possible.*

C'est une sagesse qui espère et qui fait crédit. Elle se présente d'ailleurs explicitement comme un « évangile », comme une bonne nouvelle.

Un indice très émouvant de cette ouverture au bonheur se dégage, très discrètement, de l'oraison liturgique pour la fête de sainte Madeleine, considérée, à la fois, comme la sœur de Lazare et comme la pécheresse qui répandit son parfum sur les pieds de Jésus, au grand scandale de Simon le pharisien. Cette « collecte », en effet, rappelle uniquement que c'est sa prière qui obtint de Jésus la résurrection de Lazare, sans faire la moindre allusion à ses fautes. Pardonnées, aussi bien, elles sont devenues pure lumière dans la cathédrale d'amour que la gratitude ne cessera de construire dans le cœur de la femme à qui Jésus a rendu l'honneur.

Sur un plan beaucoup plus vaste, puisqu'il embrasse tout le genre humain, ce qui semblait irrémédiablement perdu a été si magnifiquement restauré que l'Église chantera *« l'heureuse faute »* qui nous a valu une surabondante rédemption. Ainsi, le refus capital qui enténèbre l'origine de notre histoire bénéficiera du sursis imprévisible d'un amour qui n'est jamais à court de moyens.

Le sacrement de pénitence offre, à son tour, aux fragiles convertis que nous sommes, l'inépuisable possibilité d'un nouveau départ. Ainsi, le passé n'est jamais scellé sur nous comme une pierre tombale. Il demeure toujours ouvert sur l'avenir, où chaque action peut prendre une signification *nouvelle* dans une vivante architecture de grâce dont la dernière pierre ne sera posée qu'à notre dernier souffle.

Mais l'espérance chrétienne ne s'arrête pas là. Elle franchit les portes de la mort, dont si peu d'êtres sont capables de faire un acte de vie, pour consumer, dans le feu de l'amour, tout ce qui rend les âmes en marche vers Dieu encore opaques à la pleine lumière de l'éternel Midi. Le *purgatoire* désigne cette suprême purification qui offre à toute bonne volonté, aussi nocive et balbutiante qu'elle puisse l'être, la chance, outre-tombe, d'une maturité sûre d'arriver à son terme.

Ainsi, la foi, toujours prospective, toujours projetée en avant d'elle-même, refuse de figer dans la mort le vrai visage de l'homme. Il peut naître encore au-delà à sa définitive *identité,* où ne subsisteront que les traits de générosité par lesquels elle s'ébauche au cours de l'existence terrestre.

L'immense allégresse du *Te decet hymnus* dans le *Requiem* de Gilles évoque ce Noël posthume, auquel la prière des vivants est appelée à concourir dans le circuit d'amour que la mort ne peut rompre.

Tout ne serait-il pas changé si nous pouvions, dans nos deuils, au lieu de nous déchirer à fixer une place vide, songer à toutes les naissances qui doivent venir à terme dans *la grande couveuse des âmes* où le purgatoire a son mystère et si nous étions convaincus que notre amour, en se purifiant de tout retour sur soi, peut accroître en nos aimés disparus l'aimantation libératrice qui doit consommer leur identification avec Dieu ?

Nous retrouverions alors le rythme profond de l'Évangile qui ouvre à l'acte humain cette miséricordieuse cascade de *sursis* qui permet toujours d'espérer, comme le

Christ le donnait à entendre à Julienne de Norwich, que l'amour aura le dernier mot.

Novembre 1960

La lettre du clochard

À mon cher et vénéré curé

LA *MARCHE FUNÈBRE* de Chopin égrène ses derniers accords. Les orateurs sacrés ont brossé un tableau magistral de ton activité charitable. La foule pieuse des fidèles défile, silencieuse, devant ton cercueil couvert de fleurs. Chacun retient une larme prête à jaillir d'un cœur gonflé par l'émotion. Sur les lèvres pures de l'enfant monte une suprême prière vers le Père pour qu'il accueille son bon et fidèle serviteur. Le convoi vient de disparaître au tournant du chemin, emportant pour toujours, hélas ! oui, pour toujours..., celui qui fut nôtre, durant près de vingt ans que nous l'avons connu, ce bon et brave curé Ramuz.

Mais il y en a un qui ne veut pas se résigner et qui regarde désespérément ce tournant de la route pour voir s'il ne reviendra pas, car, ainsi que les apôtres qui pointaient leurs regards vers le ciel où venait de disparaître le Sauveur, le pauvre ne veut pas croire qu'il s'en est allé pour jamais, le laissant seul, orphelin.

Oui, j'ai dit le pauvre, ou si vous voulez le clochard, celui qui n'avait d'autre point d'appui à sa rude existence de trimardeur que cette sonnette de la cure d'Ouchy où, après son appel, il voyait apparaître, telle une vision, ce grand visage souriant, dont le seul aspect lui remettait du cœur au ventre, sans compter le geste discret qui savait glisser dans la main le billet qui assurait la croûte pendant quelques jours.

C'est qu'il comptait là-dessus, le pauvre, le clochard, le trimardeur, car lors même qu'il arrivait crasseux, découragé, parfois éméché, jamais le bon curé ne le repoussait. Bon Dieu ! maintenant qu'il n'est plus, à quelle porte faudra-t-il sonner pour trouver le même visage paternel qui voit sans qu'on lui cause, qui sourit quand on a envie d'éclater en sanglots et qui sait encourager d'un mot bien placé, d'un geste amical qui fait du bien, d'une poignée de main franche et jamais vide.

Oh mon Dieu ! Toi qui peux tout, ne pouvais-tu pas me prendre, moi, le pauvre, l'inutile, le raté, le parasite de la vie, et le laisser lui, car il y aura toujours et longtemps encore des miséreux comme moi qui auront besoin d'hommes comme lui.

Alors, puisque tu as voulu partir, mon cher et vénéré curé, laisse ton vieil ami – car moi aussi j'avais ce grand honneur de compter parmi tes amis, au même titre que les grands de ce monde que tu côtoyais tous les jours –, laisse donc ton vieil ami prononcer lui aussi ton oraison funèbre.

Laisse-moi te dire mon dernier adieu, un au revoir dans ce paradis des gueux où j'espère finir mon éternité. Tu sais, mon cher bon curé, il n'y faut pas compter sur de grands discours avec moi, sur des phrases bien torchées. Moi, j'ai pas fait des écoles pour apprendre des mots savants et il m'arrivera de déraper aux entournures des phrases, comme parfois tu ratais un virage quand tu étais trop pressé d'aller au secours d'une misère. Mais ce que je veux te dire, ce n'est pas moi qui le dis, c'est mon cœur, ce pauvre cœur de gueux qui comprend parce qu'il a beaucoup souffert et qu'il souffre surtout beaucoup de ton brusque départ.

De ta vie, mon cher curé, je préfère dire que j'y sais pas grand-chose. Tu étais comme moi un homme, avec cette différence que toi tu étais un prêtre, mais un prêtre au cœur large, comme le Grand Patron vous l'avait demandé : « Si moi, que vous appelez maître, je vous ai lavé les pieds, à plus forte raison devez-vous vous laver les pieds les uns aux autres, vous que j'ai choisis. » Je cite peut-être pas juste, mais c'est l'idée et en définitive c'est ça qui compte.

Durant les vingt ans que je t'ai connu à la tête de cette paroisse d'Ouchy, je dirai qu'il y a eu plutôt du remue-ménage. Ah ! ouiche, tu en as bousculé, des idées ; tu en as soutiré de ceux qui avaient des « ronds » pour les donner aux autres. J'sais pas si les riches y ont trouvé leur compte, mais dans tous les cas, nous, les pauvres, nous y avons trouvé le nôtre, nous et toutes les œuvres que tu as si bien su mettre sur pied. Y aurait-il eu sans toi la *Maison des vieux et des vieilles* à la « Paix du soir » ? Y aurait-il eu la *Maison du Pèlerin* pour ceux d'entre nous qui ne peuvent lâcher la moindre pièce ?

Et dire que tu songeais à ouvrir un refuge pour les clochards. Ah ! vois-tu, je crois bien qu'à ce moment-là j'aurais demandé à être ton Premier ministre... Mais voilà, notre maison des clochards, tu es allé nous la préparer au Ciel. Eh bien ! mon cher curé, n'oublie pas que tu avais à Ouchy un vieil ami qui n'en a plus pour longtemps et prépare-lui un petit coin de paradis, près du Bon Dieu.

Oh ! pas besoin de trône ou de fauteuil rembourré. Tu sais bien que ça ne me connaît pas, ces commodités-là, et que je me contenterai d'une place sous l'escalier, pourvu que je sois près de toi et que de temps à autre je puisse te rendre un petit service pour te payer de toutes tes gâteries à la cure d'Ouchy.

Et si je regarde à l'autre bout de la vie, je vois que tu aimais les enfants autant que les vieux. Aux petits orphelins de Servan, tu leur as fait bâtir un véritable paradis terrestre, avec des moyens... Je me demande encore où tu as pu trouver le fric, alors que moi je n'y pige rien pour en dénicher. Les heureux orphelins ! d'avoir trouvé un tel père, et comme ces bons petits bougres vont prier pour toi. Au moins, ceux-là, le Bon Dieu n'osera pas leur dire non, car alors je n'y serais plus du tout; lui aimait tant les gosses.

Je n'ai garde d'oublier l'école de « Mon Gré ». Il en a fallu faire du boucan pour y trouver ce local d'abord, puis pour y tout transformer et agrandir. Et maintenant, c'est tout bourré, qu'on ne sait plus où poser les gosses. Alors, mon cher curé, faudra te débrouiller là-haut pour trouver de la place, et des bonnes sœurs, et des institutrices qui croient au Bon Dieu pour instruire ces gosses et leur préparer une meilleure vie que la mienne...

Et ce n'est pas fini. Car à côté des misères d'un clochard que tu savais si bien comprendre, tu es allé au secours de milliers d'autres victimes de la guerre, des bombardements ou de l'affreuse boucherie de Hongrie. Ceux de la Maurienne, ceux de Caen, ceux de Turin, ceux de Budapest n'oublieront pas de sitôt ce bon et saint prêtre qui venait avec le sourire leur distribuer tout ce qu'il avait su arracher aux riches, comme tout heureux de ses trouvailles. Et tu faisais cela avec tellement de bonhomie, avec tant de naturel, comme si tu avais été un papa au milieu de ses enfants.

Et surtout tu ne voulais pas qu'on te remercie, car tu disais encore : « Ce n'est pas moi à remercier, c'est ceux qui ont donné. Moi, je ne fais que distribuer... » Tu trouvais tout normal de te décarcasser pour faire plaisir aux autres, alors que tes soucis de curé eussent suffi à occuper ta vie, au lieu de t'user à courir le monde et venir au secours de ses immenses misères.

Oh ! je veux bien, tu avais parfois l'air un peu rude et je pense maintenant que, quand on brasse tant de choses, ça ne devait pas aller toujours tout seul. Il fallait en déranger, des gens, il fallait en secouer, des dormeurs qui ne demandaient qu'une chose : c'est qu'on les laisse tranquilles. Il a fallu en faire, des démarches auprès des autorités, chez les riches, les entrepreneurs, les architectes, les curés, les évêques, les comités, les sœurs, qui sais-je...

Que tout n'ait pas toujours tourné rond, rien d'étonnant à cela, quand on sait l'inertie des gens, leur amour de leurs aises, leur répugnance à prendre des risques, leur horreur à sortir d'eux-mêmes pour chercher à voir dans le coin d'autrui. Quand je vois, moi, comme je suis reçu quand je tape à une autre porte que celle de la cure d'Ouchy, j'ai compris que ça ne devait pas être drôle d'aller ramasser un peu de fric pour une bonne œuvre ou un coup de main pour un dépannage. Grand Dieu ! ta place de curé ne me paraît pas du tout enviable...

Et toi, mon cher curé, tu faisais tout cela avec le sourire, comme si c'eut été pour toi une véritable partie de plaisir. Mais oui, je veux être franc. C'était pour toi une véritable partie de plaisir, car tu y mettais tout ton cœur, sans penser une seconde au qu'en-dira-t-on, aux sornettes, aux « pipelettages ». Tu ne voyais qu'une chose : des misères à soulager, et tu allais les soulager, non sans avoir fait du foin autour de toi pour avoir de quoi à apporter à tes préférés, qui furent toujours les pauvres, les miséreux, les moins bien lotis dans ce monde d'égoïstes, d'embusqués...

Alors, tu voudrais, mon cher et brave curé, que moi je me taise, quand je vois tant de dévouement autour de moi. Ah non ! par exemple. J'ouvre pas souvent la bouche ; mais ici, je pense que moi aussi je puis dire au nom de tous mes amis les pauvres ce que mon cœur ressent pour un homme comme toi.

Ce que je veux dire, c'est un grand, tout grand merci, un merci du fond du cœur pour tout le bien que tu nous as fait, à nous les pauvres, et dans ce merci je voudrais faire passer tout ce que je ressens pour toi, pour ta bonté, ta générosité, ta grande âme. Il ne me reste, pour terminer, qu'un vœu à formuler : c'est que tous ceux qui ont pu bénéficier de tes largesses adressent pour toi une fervente prière au Père, que tu as si bien servi, pour qu'il t'accorde le repos que tu as si bien mérité.

Mais comme je te connais, tu ne voudras pas rester inactif et, ton horizon s'étant élargi maintenant que tu es là-haut, la vue de toutes les misères du monde va te rendre plus entreprenant que jamais et nul doute que tu n'interviennes auprès de notre Père des cieux pour qu'il donne plus de justice à ces hommes toujours plus égoïstes. Je termine par une dernière phrase.

Cher Monsieur le curé, toi qui savais si bien y faire avec les gens de ce monde, ne pourrais-tu pas t'arranger aussi avec les grands de là-haut pour en obtenir quelques belles poignées de grâces divines que tu viendrais nous distribuer avec ton large et beau sourire, comme tu faisais des biens terrestres autrefois au milieu de tous les sinistrés à qui tu portais aide et secours ?

Un clochard

Fin 1958

Homélie pour la sépulture de M. l'abbé René Pruvost

LA MORT PHYSIQUE, considérée en elle-même, est simplement la rupture du cordon ombilical qui nous lie à l'univers matériel où notre organisme puise sa substance. Cette rupture peut être éprouvée comme un arrachement qui nous prive de la vie ou comme une libération qui provoque son suprême épanouissement.

Ces deux issues, bien différentes, sont commandées par le choix que nous faisons de nous-mêmes. Selon que nous passons notre vie dans l'ignorance de notre vocation humaine et chrétienne ou selon que nous passons notre vie, au contraire, dans une sollicitude constante pour l'accomplissement de notre vocation : nous donnerons à notre mort l'une ou l'autre signification.

Qu'avons-nous à faire ici-bas, sinon à nous faire ? Nous avons à nous faire, c'est-à-dire à faire de nous une source et une origine, en refusant de subir notre destin, notre hérédité, notre milieu, nos préjugés, nos dynamismes passionnels. C'est-à-dire que nous avons à transformer tout cela par cette libération créatrice qui est l'œuvre mystérieuse de la Présence divine en nous. Au cœur de notre vie, la rencontre nous est offerte avec cette Source qui jaillit en vie éternelle et qui est le Dieu vivant. Tous les hommes sont sollicités, à un moment ou à un autre, par cette Présence divine : ne serait-ce qu'à l'instant de leur mort. Tous sont appelés à une libre décision par cette Voix qui n'oublie personne, parce que Dieu est amour, parce qu'il est intérieur à nous-mêmes, parce qu'il est caché en nous, parce qu'il ne cesse de nous attendre, parce qu'il est la respiration de notre cœur et de notre esprit, parce qu'il est l'espace où notre liberté s'accomplit. Nous avons donc à choisir, je veux dire nous avons à nous choisir, nous avons à accomplir notre immortalité.

L'immortalité, en effet, ce n'est pas un thème à discussion, c'est une expérience à vivre. Nous avons à nous faire immortels. C'est-à-dire qu'au lieu de nous laisser porter par l'univers, par les forces obscures et inconscientes qui sont à l'œuvre dans le monde physique, nous avons à nous porter nous-mêmes, en faisant de tout notre être une offrande à l'Amour infini. Plus nous l'aimons, plus nous nous désapproprions de nous-mêmes, plus aussi nos rapports avec l'univers se transforment en nous rendant toujours plus indépendants de lui, jusqu'à nous rendre capables de le porter à notre tour, de le transfigurer, de le libérer, de l'accomplir, de lui donner ce vrai visage après lequel il soupire, puisque, comme dit saint Paul, toute la création gémit dans l'attente de la gloire des fils de Dieu, dans les douleurs de l'enfantement : cet enfantement auquel il nous est donné de participer, en mettant sur le monde le signe de la Croix et de la Résurrection, qui invite toute créature à entrer dans le mariage d'amour que Dieu veut éternellement contracter avec nous. Nous avons donc à nous faire, à nous créer, dans cette désappropriation libératrice, dans cette rencontre nuptiale du Seigneur au plus intime de nous. Nous avons à nous faire source et origine, nous avons à devenir un espace illimité, où Dieu lui-même pourra répandre sa Vie et où chacun de nos frères humains et où chaque créature se sentira accueillie par cette Présence en nous, qui veut, par nous, se communiquer à tout l'univers.

Les chemins qui conduisent à cette libération, les chemins à travers lesquels s'accomplit notre immortalité sont divers. Comme chacun de nous est unique, unique aussi est pour chacun la voie qui mène à la rencontre avec Celui qui est plus intime à nous-mêmes que le plus intime de nous-mêmes.

Notre très cher ami, M. l'abbé René Pruvost, a eu son chemin vers l'immortalité, vers la résurrection, et ce fut un chemin de douleur. Cet être si admirablement doué, si sociable, si capable de communiquer avec autrui, qui a suscité autour de lui, partout où il a passé, des amitiés ferventes, généreuses, fidèles, qui sont toutes un témoignage incomparable de la délicatesse et de la générosité de son cœur : cet ami très cher, autour duquel nous sommes rassemblés dans un immense élan de tristesse, d'espérance et d'amitié, cet ami n'a guère connu que le chemin des douleurs. Il y en a que nous ne connaissons pas, qui sont cachées dans son enfance, dans son adolescence, il y en a d'autres que nous connaissons mieux.

Il a accompli à Tours, pendant une dizaine d'années, un ministère extrêmement rayonnant qui l'a complètement épuisé. Il a fait ensuite, à l'abbaye du Bec-Hellouin, un essai de vie monastique qu'il n'a pas eu la force de soutenir et auquel il a dû renoncer. C'est à peu près à cette époque que le père Liran me demanda si l'on pourrait l'accueillir à la cure du Sacré-Cœur, pour une période de vacances. Mgr Ramuz s'y est immédiatement prêté et M. l'abbé Pruvost est devenu aussitôt l'un des nôtres. Pendant une quinzaine d'années, il a été le prêtre qui assurait, par excellence, le ministère de vacances. Il était connu de tous, il s'est mêlé aux peines de tous, avec une puissance admirable de conscience et de présence. Il était ici parfaitement chez lui et il le sentait. Ce n'est pas qu'il ne fût pas chez lui ailleurs, mais il l'était ici avec une certaine prédilection. Il y était reçu avec le plus grand bonheur, parce qu'il portait en lui, à l'usage des autres, cette gaieté, cet enjouement, cet esprit taquin, cette facilité extrême de jouer sur les situations les plus difficiles, quand elles le concernaient, car il avait coutume de garder ses propres souffrances au plus secret de lui-même. Nous l'avons vu pendant des années en proie à des insomnies qui semblaient incurables, dont une cure de sommeil eut enfin raison. Il y a environ deux ans, une crise cardiaque lui causa une sérieuse alerte et l'obligea à être plus attentif à sa santé. Mais il était plus dangereusement menacé par sa sollicitude envers les autres, car il portait jusqu'à l'épuisement les problèmes des autres. Cette année, particulièrement, il en était accablé. Il portait en outre, toujours plus lourds, ses propres problèmes : outre celui de sa santé, le problème de son avenir, incertain, et tous les problèmes de l'Église qui le déchiraient. C'était sa manière de vivre le mystère de la Croix avec une foi émouvante qui était pourtant une épreuve difficile et douloureuse. Tout cela ensemble le minait sourdement, en creusant en lui des abîmes de souffrances qu'il était presque impossible de deviner, tant était grand son souci de ne pas faire peser sur les autres son propre fardeau.

Le voilà maintenant retourné soudain au Père, au terme de ce chemin de douleur qui semblait devoir le conduire à une douleur plus grande encore, en lui imposant des décisions qui auraient pu dépasser ses forces humaines.

Nous pouvons croire que cette mort, qu'il a peut être pressentie et dont il parlait avec enjouement à son cher médecin, quelques heures avant son décès, nous pouvons croire que cette mort a été vraiment sa délivrance, la réponse dernière à tous ses problèmes. Il avait suffi à sa grandeur et à sa générosité de les vivre, de les vivre discrètement, de les vivre héroïquement, de les vivre en portant d'abord la souffrance des autres. Le Seigneur lui a épargné, nous sommes fondés à le penser, une épreuve surhumaine et, doucement, sans agonie, apparemment, il est entré dans la Joie infinie. Et c'est cela qui, aujourd'hui, dans notre plus grande douleur, est notre inépuisable consolation : j'entends, la certitude que notre ami a trouvé ce qu'il cherchait – à travers ce chemin de croix, à travers ce chemin de douleur – dans ce règne de la Lumière, de l'Amour et de la Paix qu'il portait en lui, mais dont il n'avait pas encore la pleine révélation.

Nous sommes sans doute bien indignes de scruter le mystère de l'Éternité auquel nous croyons de toutes nos forces, mais, nous rappelant que le Ciel est au-dedans de nous, que le Ciel, comme dit le pape saint Grégoire, est l'âme du juste, nous sommes sûrs que notre ami ne nous a pas quittés, nous savons qu'il est là, nous savons que nous pouvons le joindre aussi souvent que nous joindrons le Seigneur, car la communion entre les vivants et les morts ne peut différer que par une plus grande profondeur et une plus infrangible continuité de celle qui unit ceux qui s'aiment ici-bas.

Comment pouvons-nous, en effet, communier vraiment à une intimité humaine, dans notre expérience terrestre, sinon en échangeant Dieu ? Nous ne pouvons nous joindre réellement les uns les autres qu'à travers cette Présence adorable qui est le Dieu vivant. C'est par là que nous devenons présents les uns aux autres, c'est par là que nous nous disons mutuellement nos secrets les plus profonds, parce que Dieu, justement, est la Vie de notre vie. La mort physique, qui se réduit à la rupture du cordon ombilical d'avec l'univers matériel, ne peut porter atteinte à ce dialogue intérieur, elle ne brise rien d'essentiel, si nous sommes profondément unis en Dieu. C'est la même Respiration qui nous lie à nos chers défunts, c'est le même Amour, c'est le même Visage, c'est la même Présence, c'est le même Cœur qui bat dans le nôtre.

Nous voulons donc rejoindre notre ami très cher dans cet au-delà qui est au-dedans de nous, en lui demandant pardon de n'avoir pas suffisamment compris sa douleur, qu'il était presque seul à porter. Nous voulons le retrouver dans le plus secret de notre cœur, en entrant avec lui dans la lumière du Seigneur. Nous voulons regarder le Christ ressuscité qui a vaincu la mort et nous voulons le confier à cette Tendresse ineffable qui est l'éternité de toutes nos tendresses, convaincus que là, dans le Cœur de Dieu, il trouvera, qu'il a trouvé déjà tout ce qu'il cherchait et que sa vie douloureuse maintenant s'est ouverte à la rencontre de ce que la liturgie appelle le Visage de fête du Christ Jésus. Oui, nous voulons contempler avec lui ce Visage de fête du Christ Jésus, en faisant avec lui et comme lui notre pèlerinage vers l'ami qui demeure en nous. En Dieu, nous le savons, il n'y a pas de séparation. Il y a un approfondissement de l'intériorité, il y a une communion plus intime encore, une communion éternelle. Davantage, il y a une progression dans l'amour, car l'amour n'est pas statique, l'amour ne cesse de croître, éternellement. Et plus nous serons unis à Dieu, plus nous collaborerons à cette progression de notre ami très cher, dans la découverte inépuisable du Dieu vivant.

Et c'est cela que nous voulons mettre avec tout notre cœur dans cette liturgie. Nous voulons adhérer au Christ qui a vaincu la mort, en renouvelant notre consécration à Dieu, qui est le Dieu des vivants, nous voulons, par l'intercession de notre ami très cher, nous donner davantage à cet Amour en qui il demeure au plus intime de nous, nous voulons, avec lui, dans le temps qui nous reste à vivre, naître d'en haut, comme Jésus nous y invite dans son entretien avec Nicodème, afin que nous réalisions mieux notre vocation d'hommes et de chrétiens, qui est de nous libérer de nous-mêmes : pour être un signe et un sacrement vivant de cette Présence adorable qui est la Présence unique qui nous rend tout présent, qui ressuscite les morts et qui éternise nos tendresses, en nous permettant de continuer à les vivre en échangeant Dieu qui est l'éternelle respiration de notre amour.

Septembre 1969

Un nouveau regard sur l'homme

LA MORT subitement est entrée dans la maison. Quels propos échangions-nous hier encore avec le défunt dont nous n'entendrons plus la voix ? Des banalités qui empêchent les âmes de se dire, des phrases toutes faites que n'importe qui aurait pu adresser à n'importe qui. Les mots sur lesquels nous l'avons quitté n'avaient aucun rapport avec le silence qui enveloppe sa dépouille, avec le mystère scellé dans ses yeux sans regard. Comme tout aurait été différent si nous avions su qu'il dût mourir cette nuit.

C'est ainsi que l'on pense – trop tard – au secret infini caché dans l'intimité d'un être, dont nous voilent le vrai visage les relations superficielles que nous entretenons avec lui. C'est ainsi que nous passons, le plus souvent, à côté des autres sans les réellement voir, aussi aveugles devant eux que nous le sommes devant Dieu qui demeure en nous.

De fait ces deux cécités n'en font qu'une. Répandus au-dehors suivant une inclination naturelle, nous percevons très rarement cette zone inviolable où la dignité humaine se révèle, liée à la Présence infinie qui la fonde.

La venue du Christ comporte un nouveau regard sur l'homme, qui vaut devant Dieu autant que la Vie divine offerte pour lui. Le Temple qui est la gloire de Jérusalem s'écroulera bientôt dans les horreurs de la guerre. Désormais, c'est en nous que devra se construire le sanctuaire indestructible où la vie, jaillissant de la Source éternelle, triomphera de la mort.

Décembre 1969

Sacrements
Fêtes liturgiques

L'Himalaya pour tous

TOUT ACTE humain vise l'infini. On s'en aperçoit généralement trop tard dans les déceptions où le cœur se blesse aux limites des êtres ou des choses en qui il situait son bonheur.

La sagesse serait-elle donc de ne s'attacher à rien pour être sûr de n'être jamais déçu, de n'aimer personne pour n'être jamais prisonnier des limites que l'on risque de découvrir en toute amitié ?

La vertu consisterait-elle à faire le vide, à transformer le monde en désert, à marcher solitaire vers un au-delà auquel la mort seule peut donner accès ? Faudrait-il, en d'autres termes, dévaloriser la vie et se hâter vers la mort pour échapper à toute illusion ?

L'Évangile nous ouvre une tout autre voie. «*Non eripit mortalia qui regna dat cælestia* – Il ne nous arrache pas ce qui peut mourir, Celui qui nous donne les célestes royautés.» C'est la réponse qui couronne la marche à l'étoile des Mages en quête d'une Sagesse qui «par son seul regard», comme dit saint Jean de la Croix, laisse toute chose vêtue de beauté.

Il ne s'agit plus de déprécier la création, mais de la transfigurer en donnant à toute réalité une dimension infinie par l'offrande qui en fait le reposoir et la révélation de l'éternel Amour. On peut alors tout aimer sans être esclave de rien, puisque, à travers toute chose, on communie à la Présence qui est la Vie de notre vie.

C'est ce que saint François a découvert dans la jubilation du *Cantique du Soleil,* qu'il veut entendre à l'heure de mourir pour serrer tout l'univers contre son cœur.

Il avait compris que Dieu a créé le monde pour nous le donner : mais comme un secret d'amour à déchiffrer et non comme une chose à posséder, que l'on enferme en soi en s'emprisonnant en elle.

Et il marchait allègrement vers cet Himalaya, accessible à chacun, où toute créature luit comme un sommet dans la lumière du vrai Soleil, caché au plus intime de nous comme la joie infinie qui nous attend.

Janvier 1963

Première communion

« LE CORPS *d'un enfant est comme le corps du Seigneur : je ne suis digne ni de l'un ni de l'autre* », écrivait Oscar Wilde, en apprenant, dans sa prison, qu'il était déchu de sa paternité. S'il l'avait compris plus tôt, le grand poète n'aurait pas connu le déshonneur qui devait le priver de son foyer. Mais peut-être aussi n'aurait-il pas éprouvé d'une manière aussi poignante la dignité de ces petits que l'Évangile propose à notre imitation parce qu'ils sont pleinement capables de l'unique nécessaire : qui est d'aimer.

Je n'oublierai jamais le visage infiniment recueilli du petit garçon qui attendait la première visite du Seigneur avec des larmes si discrètes que j'en fus seul témoin. La gravité et la noblesse de cette joie rendaient sensible l'intensité du don qui faisait de tout l'être un vivant reposoir. Le corps respirait dans la lumière de l'âme tendue vers le baiser de Dieu et la vie se transfigurait dans l'Amour avec lequel elle s'échangeait. Jamais elle ne me parut plus belle qu'en cet instant où un enfant en exprimait les plus hautes possibilités.

C'est un fait que le bonheur des parents est dans la main de leurs enfants. Mais c'est un fait aussi que les enfants ne disposent que du trésor de leur cœur et de leur esprit. Ils ne peuvent rien donner, en échange de la sécurité matérielle où se dépense la sollicitude de leur père et de leur mère, que le sourire de leur tendresse. Mais un vrai sourire ne peut naître que d'une âme comblée et Dieu seul est capable de la remplir.

Cela restera l'honneur de Pie X d'avoir compris la faim divine de l'enfant et la grandeur spirituelle où il peut atteindre s'il est nourri de Dieu.

Un des plus beaux dons du Christ à l'humanité est, justement, le crédit qu'il fait à l'enfance, parce qu'à ses yeux la valeur d'un homme réside dans ce qu'il est et non dans ce qu'il fait. Vêtu de la Présence divine qui lui est confiée, l'enfant, autant qu'un adulte, en porte le rayonnement et il passe au milieu de nous comme l'ostensoir de Jésus.

Mai-juin 1954

Il m'efface

C'EST UNE PETITE FILLE qui a trouvé ce mot le jour de sa première communion. Elle exprimait ainsi le miracle des miracles : être délivré de soi. C'est tellement rare, en effet, qu'un homme cesse de tourner autour de soi, que la signature de Dieu devient immédiatement lisible dans l'élan paisible où il décolle de soi. N'est-ce pas cette libération que Jésus entendait provoquer chez ses disciples, au lavement des pieds, par une démission de lui-même qui scandalisait Pierre, encore incapable de comprendre que vaincre ses limites est le secret du Royaume, mais que cela nous est impossible si une générosité infinie ne suscite la nôtre ?

En donnant à ce geste d'humilité la place de l'institution de l'Eucharistie, dont il omet le récit, saint Jean, qui raconte seul le lavement des pieds, n'a-t-il pas voulu nous inculquer le sens premier de la communion où la pauvreté du Seigneur atteint le sommet que l'*Adoro te* de saint Thomas d'Aquin nous rend merveilleusement sensible :

Sur la croix seule était cachée la Divinité,
Mais ici se cache encore l'humanité.

Sous le voile silencieux du pain et du vin, avec un visage de chose, qui pourrait méconnaître ce qu'un mystique n'a pas craint d'appeler *l'humilité de Dieu* ?

C'est pour enchâsser ce Trésor que les cathédrales ont surgi, comme si la Cité chrétienne ne pouvait vivre que de la muette clameur de l'Hostie. Aussi bien qui pourra jamais fonder la paix entre les hommes, sinon l'Amour agenouillé qui fait éclater notre « moi », prisonnier de ses frontières, en nous transformant peu à peu dans le don qu'Il est, en faisant de nous, pour toute créature, un pain vivant et vivifiant ?

C'est ce qu'avait deviné la petite fille dans l'expérience qu'elle venait de faire et qui demeure investie dans ce mot à la fois si humble et si grand : *il m'efface.*

Juin 1958

La Fête-Dieu chez nos enfants

QUAND ON REÇOIT un ami, on lui offre à boire et à manger. C'est une manière de lui dire : « Vous êtes chez vous, ma table est la vôtre, ce qui est à moi est à vous. » L'amitié s'échange à travers ce symbole, le cœur se nourrit du cœur dans la communion du repas qui en rend discrètement sensible le mystère.

Jésus en use de même envers nous. La nouvelle Alliance s'inaugure et se perpétue dans un repas. Le Seigneur nous invite à sa table, pour échanger son cœur avec le nôtre, sous les apparences d'un banquet qui n'est plus qu'une communion d'amour.

En cet âge atomique où l'énergie nucléaire menace de détruire l'homme, l'Hostie apparaît plus que jamais comme l'antidote miraculeux qui concentre toutes les puissances de Vie sous le voile fragile de la matière transsubstantiée.

Les cathédrales ont surgi du sol, comme d'immenses tabernacles, pour faire de la Présence divine le cœur de la cité humaine. Mais la plus belle cathédrale, c'est l'âme qui vit de Dieu.

Toute la noblesse de l'homme est de laisser transparaître le Visage éternel qui consacre son intimité.

Nos chers enfants sont plus aptes que personne à révéler ce trésor d'amour qui est notre unique espoir.

Accompagnons-les dans cette Fête-Dieu de leur première communion en créant autour d'eux une atmosphère qui réponde à la grandeur de l'événement et qui nous permette de retrouver le sens de notre vie, qui vaut ce que vaut notre cœur, dont l'Amour est la respiration.

Juin 1952

La Fête de l'Homme

LES DEUX TITRES que les Évangiles attribuent à Jésus avec une égale plénitude, *Fils de Dieu* et *Fils de l'homme*, nous inclinent à penser que la Fête-Dieu doit être aussi la Fête de l'homme.

Instituée sous forme de repas communautaire, l'Eucharistie s'inscrit dans le symbolisme spontané qui a toujours rassemblé, autour d'une même table, les hommes désireux de célébrer leur amitié.

Mais Jésus avait un motif particulier de lier son testament à cette liturgie d'amitié que le repas a toujours été dans la tradition humaine.

Sa vie s'achève sur l'échec qu'il évoque dans cette parole inattendue : « Il est bon que je m'en aille… »

Ses disciples l'ont vu dans la chair, ils ne l'ont pas reconnu dans l'Esprit. Ils l'ont amené à leur mesure en comptant sur lui pour réaliser leurs rêves et leurs ambitions. Comment établir, au-delà de la mort et dans l'invisible, un contact *réel* qui n'a pu se nouer de son vivant ? C'est à cette préoccupation que répond la dernière Cène que chaque messe perpétue.

Dans un univers de personnes, la connaissance se mesure à l'amour. On connaît, autrement dit, autant qu'on aime. Des époux désaccordés ne comprennent plus l'émerveillement de leur premier amour. C'est qu'ils se voient du dehors et se blessent à leurs limites réciproques, incapables de percevoir les possibilités infinies de leurs âmes désormais fermées l'une à l'autre.

Or, Dieu se situe, « par excellence », dans un univers de personnes. Il en est le centre. Le connaître du dehors, sans un engagement d'amour, est impossible. Il n'a pas de « dehors ». Il est pur « dedans ». Pour l'atteindre, il s'agit donc de nous *intérioriser*, en évacuant notre « moi » possessif tout englué dans les passions non conquises qui font de nous un objet.

Mais on ne se délivre effectivement de soi qu'en assumant les autres. En nous invitant à venir *ensemble* autour de sa table, Jésus nous demande de nous prendre en charge les uns les autres, de constituer – en portant chacun en soi tous les vivants et tous les morts , toute l'humanité et tout l'univers – ce corps *mystique* qui est seul à la mesure du second Adam, qui est seul en prise efficace sur sa Tête, seul capable d'en recevoir en plénitude l'influx vital qui le fera vivre divinement.

À la dernière Cène, aussi bien, Jésus vise moins à se rendre présent à nous qu'à nous rendre présents à lui dans la réciprocité d'amour qui conditionne toute rencontre réelle entre personnes.

Et il y pourvoit en faisant de l'*agapè*, de la charité où nous devenons « membres les uns des autres », le prélude indispensable de notre échange avec lui.

On voit que l'*œcuménisme* le plus vaste est, si l'on peut dire, consubstantiel à l'Eucharistie.

Si nous en étions convaincus, nous vivrions la *messe* comme le rassemblement en nous de toute la création, rendue à son unité par l'amour de Jésus, et elle nous apparaîtrait, dans son inépuisable nouveauté, comme le banquet de l'amitié divine et humaine où se célèbrent, tout à la fois, la Fête-Dieu et la Fête de l'homme.

Juin-juillet 1964

Le dogme de l'Assomption

JÉSUS NE CESSE de se dire dans l'Église où il poursuit son incarnation, en explicitant le sens spirituel de sa vie temporelle. Sa mère participe à cette continuelle présentation de lui-même, parce que sa maternité est un événement spirituel qui s'enracine dans la Personne de Jésus et qui n'en peut être séparé. Marie vit de Jésus et sa personnalité tout entière se constitue et se définit par rapport à lui, en imprégnant toutes les puissances de son être de la vie éternelle dont sa chair virginale est le berceau. Comme il n'y a rien en elle, dès sa conception, qui ne soit entièrement soumis au règne de Dieu, il n'y a rien non plus qu'elle puisse abandonner à la mort, qui n'a prise, en nous, que sur cette part de nous-mêmes qui n'est pas encore apte à vivre pleinement de Dieu. Car seule la mort doit mourir.

Marie appartient à un ordre où la mort n'a rien à purifier, n'a rien à faire mourir, car tout, en elle, est déjà vivant de Dieu. Sa mort sera donc un *événement spirituel* de pure conformité à Jésus, qui l'ordonne à lui pour notre rédemption comme fait sa maternité. Mais le règne de la vie qui prévaut en elle sur toutes les puissances de destruction ne sera pas aboli par une telle mort : elle ressuscitera, tôt après, dans la gloire de cette vie qu'elle a enfantée par la fécondité de l'Esprit.

L'Assomption est à envisager dans cette perspective. Si Jésus est ce que nous croyons et si la maternité de la Vierge se situe sur le même plan que la Personne de son fils, il est naturel, comme elle est soustraite à l'ordre du péché, qu'elle échappe aussi à la mort matérielle dont il est le vainqueur par sa victoire sur le péché.

La définition de l'Assomption ne fait que mettre en valeur les correspondances qui résultent de l'appartenance totale de Marie à Jésus, en vertu de la maternité purement spirituelle avec laquelle elle s'identifie tout entière et, comme tous les dogmes, celui-ci n'est qu'un rayon du Jour éternel qui est la lumière de notre vie : Jésus.

Octobre-novembre 1950

Assomption

L'ASSOMPTION COURONNE l'été comme le buisson ardent de la grâce dans l'or des blés. Elle achève la maternité de Marie, dont l'Immaculée Conception constitue la première étape. Elle s'enracine dans le Christ et implique une référence essentielle à lui comme cette maternité même.

Jésus est le second Adam, le principe et la source d'un ordre nouveau qui demeure éternellement. Pour cette raison même, Il n'est pas contenu dans la série des générations humaines qui prennent, tour à tour, la relève en face de la mort qui les engloutit. C'est lui qui porte toute la série et la ressaisit dans l'unité de sa vie qui triomphe de la mort. C'est pourquoi il naît, hors série, d'une naissance virginale où la maternité est explicitement ordonnée à cette vie par qui la mort est vaincue. Cela veut dire que la personne de sa mère baigne tout entière dans cette vie, sous la pression de laquelle elle enfante celui que saint Pierre appelle « le Prince de Vie ».

Il faut donc s'attendre à ce que la fin de Marie, comme le premier instant de son existence, comporte l'affirmation de l'inimitié essentielle entre le Christ et la mort, qui éclate d'une manière si pathétique dans tous les récits de son agonie. Dieu ne veut pas plus la mort que le péché, dont elle est, selon saint Paul, le salaire et la conséquence. Il est bien plutôt victime de la mort aussi bien que du péché, comme en témoignent l'angoisse et la prière de Gethsémani.

Évitons donc de dire et de penser que c'est Dieu qui décrète notre mort ou celle des êtres que nous aimons. L'Évangile, qui nous appelle à vaincre la mort, s'oppose radicalement à une telle imputation.

Cela n'implique pas, pour autant, que la plénitude de la vie soit liée aux conditions terrestres et à tous les besoins qui nous placent dans la dépendance du monde physique.

Rien n'est plus douloureusement évident, au contraire, que la lourde et insignifiante banalité de la plupart des vivants. Ce n'est que par de fugaces et rares intermittences, aussi bien, que nous apparaît, le plus souvent, le vrai visage d'un être, ordinairement crispé par ses soucis ou envahi par ses passions. Sans ces éclairs où une personnalité se laisse deviner, l'absence serait totale et la mort serait déjà le lot des vivants.

L'Assomption de Marie nous amène à concevoir la suprême intégrité d'une vie, déliée des conditions terrestres qui nous limitent, et son éternel épanouissement, *corps et âme,* en l'affranchissement des nécessités qui nous rivent à l'univers.

Quitter ce monde pourrait donc signifier deux choses : en être arraché, quand on s'y accroche matériellement en se laissant porter par lui, ou échapper à ses limites en l'aimant assez pour le porter sans en dépendre : comme saint François écoute le *Cantique du Soleil* en l'élan même où se rompt le dernier fil qui nouait son existence à la terre.

C'est évidemment dans cette dernière perspective que se situe la « dormition » de Marie : en l'envol où le Christ, dont elle vit *tout entière,* triomphe en elle de la mort, en la glorifiant *tout entière* dans cette forme d'existence où sa présence cesse d'être liée aux conditions de notre vie sensible, pour s'épanouir, ressuscitée, dans le face-à-face avec Dieu.

C'est dire que l'Assomption de la Vierge, en illustrant la victoire du Christ, nous engage à vaincre la mort *dans la vie,* pour que notre mort devienne, elle aussi, le triomphe de la vie, affranchie de toute limite, et le prélude de notre résurrection : dans cet univers qui atteste sa réalité dans « les heures étoilées » où la transparence d'un visage ou d'un événement nous confronte soudain, silencieusement, avec une Présence infinie.

Août-septembre 1962

Le Rosaire de la vie

COMME LA MUSIQUE de Mozart qui nous la rend si discrètement sensible, la grâce est un éternel printemps. Les feuilles meurent dans l'éclat solaire qui orchestre leur déclin. La vigne et les arbres abandonnent leurs fruits. La fumée monte des champs où les semailles dorment au creux des sillons. Octobre nous achemine vers l'hiver nocturne et froid.

C'est le moment que l'Église choisit pour emplir nos mains et nos cœurs de la Rose mystique où le mystère de Jésus éternellement fleurit. Le rosaire est un rosier dans le jardin du Bel Amour où Notre-Dame silencieusement nous conduit. Nous l'avons réduit à la morne récitation d'une prière qui n'éclaire pas plus la vie qu'elle n'en jaillit.

Il suffit pourtant de relire les textes sertis dans la liturgie du 7 octobre pour retrouver la ferveur du Cantique des cantiques et la fontaine scellée dont l'eau vive transforme le désert en paradis. Impossible de les entendre sans découvrir que la grâce est gracieuse : comme une rose plantée sur les rives entre lesquelles le temps court vers l'éternité.

Quel programme, cette antienne de la communion, quel miracle d'humanité, quel tranquille refus d'une spiritualité désincarnée : *« Fleurs, fleurissez comme le lis et donnez votre parfum, offrez la grâce de votre feuillage et la louange du cantique, et dans ses œuvres bénissez le Seigneur. »*

N'est-ce pas l'homme crucifié par sa compassion pour la Douleur divine, saint François, qui veut entendre une dernière fois, pour accueillir la mort, le *Cantique du Soleil*? N'est-ce pas le docteur des nuits mystiques, dont l'austérité épouvante ses frères, saint Jean de la Croix, qui s'émerveille devant une création que le regard de Jésus a laissée vêtue de beauté? Et la liturgie où rayonne l'organisme sacramentel ne témoigne-t-elle pas tout entière de l'aptitude du monde visible à signifier l'invisible, en joignant la nature à la grâce dans une transparente unité?

Il ne s'agit donc pas de se détourner de la terre mais de la faire fleurir, de médire du monde mais de le transfigurer, de cultiver la douleur mais d'en tarir la source.

C'est ce que signifie le Rosaire dans les textes admirables que le missel propose à notre méditation. Être la joie des autres en gardant la croix pour nous, rendre la vie plus belle et les hommes plus heureux: c'est, bien plus encore qu'une prière d'ailleurs toujours opportune et plus que jamais conseillée dans le mois où nous sommes, l'appel à la divine aventure qui veut faire de nous, avec le Christ vainqueur de la mort, les créateurs d'un monde nouveau.

Octobre 1958

Divers

Le pape : sacrement d'unité

LA PREMIÈRE ÉPÎTRE de saint Paul aux Corinthiens s'applique à régler l'usage des charismes. Ce n'est pas la seule préoccupation de l'Apôtre dans cette lettre si riche d'enseignements. Mais son souci d'écarter la contagion du faux miracle nous touche particulièrement. Des prophètes surgissent dans les réunions liturgiques et leurs messages se succèdent sans ordre et sans fin. Des glossolales les relaient ou les interrompent, en louant Dieu en langues étrangères inconnues d'eux-mêmes et de leurs auditeurs. Ces manifestations, dont l'inspiration est difficilement contrôlable, sont soumises, au chapitre quatorze, à des prescriptions rigoureuses. L'autorité apostolique qui leur impose de justes limites apparaît déjà comme le lien essentiel – et suffisant – qui relie l'Église au Seigneur.

Ces phénomènes extraordinaires sont effectivement appelés à disparaître. La lumière, la grâce et la présence du Christ se transmettront normalement – dès le début du second siècle – sous le voile du sacrement. L'imposition des mains épiscopales consacre la hiérarchie, sans miracle apparent, comme l'élection que ne dicte aucun prodige en désigne les candidats. Tout s'accomplira désormais sous le signe de la foi, où la certitude n'est plus aucunement garantie par un spectacle offert aux yeux mais par une participation authentique à l'intimité du Seigneur. Sans un engagement personnel qui va jusqu'aux racines de l'être – puisque Jésus lui-même le désigne comme une nouvelle naissance –, le mystère chrétien demeure fondamentalement indéchiffrable. Le voile du sacrement perpétue discrètement le *noli me tangere* du jour de Pâques, qui exige de la Magdeleine (et de tout fidèle) de ne pas prétendre vérifier avec les mains une réalité divine que l'on connaît dans la mesure où l'on en vit.

Dès que l'Église eut atteint une large diffusion à travers des peuples et des langages divers, son *unité* – sans laquelle elle est impensable – fut d'autant plus difficile à maintenir que des intérêts et des conceptions opposés s'affrontaient dans la compétition des nations et des cultures. La solution qui mûrit lentement de ces conflits fut exactement conforme à celle que l'Apôtre oppose à l'anarchie qui doit résulter de l'abus des charismes : le recours à l'autorité apostolique transmise, par élection légitime, au successeur de Pierre établi par Jésus comme le roc qui communique à tout l'édifice ecclésial son inébranlable fermeté.

Il n'est de nouveau question ici ni de miracle ni de prestige éblouissant, mais uniquement de foi. Comme Pierre, le pape est un sacrement d'unité. Son rang de souverain, pour utile qu'il puisse être, est accidentel. Ses qualités personnelles comme ses limites sont secondaires. Seule nous lie la mission apostolique qui se perpétue en lui – et qui est du Christ et de personne d'autre – sans qu'il s'en puisse aucunement prévaloir, puisque, dans sa vie propre, il est un fidèle comme les autres : ainsi que tout prêtre l'est à l'égard des rites sacrés dont il est, pour les autres, le ministre et l'instrument.

C'est pourquoi notre admiration et notre gratitude envers Pie XII, dont la grandeur a été justement et universellement célébrée, ne peuvent nous faire oublier que c'est essentiellement dans la foi que se sont noués nos rapports avec lui, et que c'est la même foi qui nous attache aujourd'hui à Jean XXIII, dont l'élection a été opportunément saluée par le chant du *Christus Vincit,* qui fait remonter notre hommage : du pape, sacrement d'unité, au Christ vainqueur de la mort, dont le règne seul n'aura pas de fin.

Novembre-décembre 1958

La musique silencieuse

C'EST UN DES NOMS que saint Jean de la Croix donne à Dieu : *Musica callada.* Il n'a pu l'inventer qu'en recommençant chaque jour ce pèlerinage vers le silence où respire *la Présence* – immense, émouvante et fragile comme le battement d'un cœur – en qui la vie retrouve son origine. Une longue expérience mystique lui a enseigné que tout est suspendu à ce rythme impondérable et que tout s'éteint pour nous quand nous cessons de le percevoir.

Quelle mère qui écoute la respiration paisible de son petit enfant, dans l'abandon du premier sommeil, n'éprouve le recueillement que suscite la rencontre du sacré et ne devine, dans ce silence émerveillé, la présence infinie qui transparaît dans cette fragilité. Sans doute les besoins physiques du nourrisson rompront bientôt cet immatériel accord dans les revendications explosives qui détournent des profondeurs. La mère ne perdra pas, pour autant, le souvenir de cette communion où les âmes se joignent dans le centre mystérieux qui les rend intérieures l'une à l'autre et elle ne se sentira pleinement unie à son enfant qu'en retrouvant, en lui et avec lui, la source qui jaillit en vie éternelle.

Toutes les relations humaines comportent d'ailleurs la même exigence. Elles ne *deviennent* humaines que par cette *identification* qui unit sans confondre : à travers la valeur infinie conquise dans la solitude et échangée dans le silence.

L'Église, dont le nom signifie « assemblée », affirme explicitement cette double articulation publique et secrète. Ayant ses assises dans la conscience, recrutée par une adhésion libre, unie par un lien mystique : elle ne peut nouer entre ses membres que la communauté sacramentelle, la communauté-communion, où chacun, restitué à sa plus intime solitude, échange avec les autres son intimité avec Dieu. Les textes que nous lisons ou disons ensemble ne laissent pas d'être une confidence personnelle dont chacun de nous, à sa manière, s'assimile la lumière. Ils s'enchaînent dans cette prodigieuse *action* liturgique qui est une montée vers le silence où s'accomplit la divine rencontre. Ils veulent nous apprendre à *écouter*, car il n'y a pas d'autre manière de devenir source des seules richesses qui constituent une société d'hommes *libres* : où chacun est unique et irremplaçable dans la mesure même où il communique aux autres, sous l'aspect qui répond à sa vocation personnelle, la présence créatrice qui est la vie de notre vie.

L'Église est assurément un corps, un organisme visible : mais c'est un corps *mystique* qui a ses racines dans l'intimité de Dieu. Si elle vise à rassembler tous les hommes sans exception, c'est qu'elle peut les rendre universels, en faisant découvrir à chacun la Musique silencieuse qui est, à la fois, son secret le plus personnel et le bien commun de tous.

C'est par là que Jésus, toujours vivant dans l'Église, nous promeut à notre majorité humaine, en nous acheminant vers la vraie grandeur – toute de générosité et au bénéfice de tous – à travers le silence qu'il est : ce silence plein de voix dont le rayonnement est d'autant plus illimité qu'il est plus intensément vécu.

Janvier 1959

Les deux Grandeurs

PASTERNAK, dans les trois plus belles pages du *Docteur Jivago*, souligne le contraste entre l'événement considéré comme le plus miraculeux de l'Ancien Testament, qui est le passage de la mer Rouge par tout le peuple hébreu sous la conduite de Moïse, et l'événement le plus miraculeux du Nouveau Testament, qui est la maternité virginale de Marie.

Le premier est spectaculaire et « assourdissant ». Le second est secret et silencieux. Le premier engage « de grandes multitudes rassemblées comme les armées romaines en campagne ». Le second concerne une jeune fille qui devient mère « à l'insu de tous », « par miracle, par inspiration ». Ainsi s'annonce un changement de perspective, ainsi s'éveille un sens nouveau de la grandeur.

Les statues colossales des pharaons, à Louqsor et à Karnak, nous rendent obsessionnellement sensible la manière dont les hommes ont spontanément conçu la grandeur, quand leur technique fut assez parfaite pour l'exprimer. La grandeur, dans ces figures gigantesques, c'est, indubitablement, le pouvoir de dominer et de courber sous la puissance « divine » du souverain des sujets qui ne sont que poussière sous ses pieds. Cette conception n'a pas cessé de s'affirmer, au cours de l'histoire, dans la « majesté » des empereurs et des rois. Quiconque aspire au pouvoir, comme Lady Macbeth, rêve des hommages dont une foule éblouie lui offrira le piédestal. Être grand, c'est regarder de haut en bas, c'est respirer l'encens de la soumission, c'est se faire obéir, et, selon les circonstances, distribuer les grâces ou le mépris.

Puisque telle était l'image que l'on se faisait de la grandeur, il était inévitable que l'on se représentât la divinité sous les symboles qui signifieraient, avec le plus d'éclat, la puissance et la domination. Si le pharaon, à sa manière, est dieu, comme le suggèrent d'innombrables scènes à Karnak, Dieu, à son tour, est une espèce de pharaon qui trône et qui règne. La plupart des représentations divines de l'Ancien Testament s'inspirent de cette imagerie royale, et les apôtres de Jésus eux-mêmes rêveront des trônes où ils siégeront dans la gloire de leur Maître, et, jusqu'à la dernière Cène, ils se disputeront les premières places, quand éclatera le scandale du lavement des pieds, dont Pierre se hâtera de souligner l'inconvenance avant de se laisser faire pour n'être pas exclu de l'héritage du Seigneur.

Il n'en doit guère comprendre le pourquoi, ni se douter de l'importance unique de cet événement. En réalité, un nouvel ordre de grandeur vient de se révéler où la générosité et l'amour se substituent à la puissance qui terrifie et à la domination qui asservit. Le plus grand, ce n'est pas celui qui commande le plus souverainement à un plus grand nombre de sujets, c'est celui qui est capable du don de soi le plus parfait et le plus gratuit.

Il n'y a pas, dans toute l'histoire, de révolution comparable à cet agenouillement du Christ devant ses disciples, sauf celui qui l'actualise, en lui donnant tout son relief, dans la rencontre de saint François avec Dame Pauvreté, sous les traits de laquelle il a reconnu Dieu.

Il poverello, c'est le nom donné à Francesco dans sa chère Ombrie. Il est le petit Pauvre. C'est son plus haut titre de noblesse. Il est le *petit Pauvre* qui se tient devant le *Grand Pauvre.* On ne peut que relire ici le mot de Dante à l'adresse de Béatrice. C'est si grand : « *Ch'ogne lingua deven tremando muta* – Que toute langue en tremblant devienne muette. »

Est-ce possible que Dieu ait ce visage ?

Écoutons de nouveau Pasternak, célébrant dans un langage presque liturgique cet avènement incroyable : « Quelque chose s'est mis en mouvement dans le monde. Rome est morte. Morte la puissance du nombre, la nécessité imposée pas les armes de vivre comme tout un peuple. Les chefs et les peuples appartiennent au passé. La vie humaine individuelle est devenue l'histoire de Dieu, elle a rempli de son contenu l'étendue de l'univers. »

Car le royaume n'admet désormais d'autre grandeur que le don de soi et l'on n'y entre qu'avec une âme de pauvre : comme celle de François à l'heure, qui est notre Sinaï, où il se fiance à la divine Pauvreté.

Février 1960

L'Église : sacrement de Jésus

On est saisi de stupeur quand on lit d'un seul trait le chapitre 16 de saint Matthieu, en passant des promesses faites à Simon, fils de Jonas, surnommé Pierre, rapportées aux versets 18 et 19 à l'apostrophe du verset 23 où le même Simon est qualifié de « satan ». Il est impossible d'établir un contraste plus abrupt entre la sublimité de la mission confiée à l'Apôtre et la fragilité de l'homme qui en est chargé. Et l'opposition est d'autant plus sensible entre ces deux aspects du même personnage que la victoire sur toute puissance adverse est solennellement affirmée dans la formule d'investiture comme dans le nom de Pierre, qui évoque la fermeté du roc. L'Apôtre aurait-il seul le pouvoir de mettre en péril le Royaume, inexpugnable à tout autre assaut, dont il doit recevoir les clés ? Mais que signifierait alors l'inviolabilité rocheuse inscrite dans son surnom ?

Cette situation paradoxale nous fait pressentir la nature de l'Église où doit se résoudre cette apparente contradiction. Le Christ la révèle d'un mot à Saul sur le chemin de Damas : «Je suis Jésus que tu persécutes.» Cette identification du Seigneur avec la communauté que Saul rêve de détruire ne permet aucune hésitation : l'Église, c'est Jésus.

Comme Jésus y demeure invisible, cela veut dire que tout ce qui se voit dans l'organisme ecclésial ne peut que *le représenter, en témoignant uniquement de lui et en communiquant réellement sa présence et son action.* Les mots en italique dans cette dernière phrase constituent la définition générale, d'ailleurs applicable à des niveaux différents, de la fonction sacramentelle. Ils signifient donc que l'Église est tout entière *le sacrement de Jésus* et ne peut jamais être autre chose.

Simon, le fils de Jonas, pour prendre le cas le plus extrême, peut éventuellement et pour son compte devenir «satan» et renier son Maître. Pierre, comme tel, ne le peut pas, car il n'est Pierre que dans le rôle de sacrement qui efface totalement Simon en Jésus. Son pouvoir, en effet, est de ne rien pouvoir, sinon témoigner de Jésus et communiquer sa présence. Et cela vaut de tous les apôtres, comme de tous ceux qui, à un degré quelconque, participent à leur mission, laquelle implique *toujours* la totale *démission* de l'homme en Jésus. Cela est tellement vrai que saint Paul n'hésite pas à se vouer lui-même à l'anathème, dans l'épître aux Galates (1,8), au cas où il annoncerait à ces convertis un autre Évangile que celui qu'il leur a prêché et qu'il tient de Jésus-Christ.

C'est ce pouvoir de ne rien pouvoir, sauf d'être le signe qui représente et communique Jésus, qui porte *seul* le sceau de l'infaillibilité comme la garantie de l'absolue démission qu'il est. L'abus est ici radicalement impossible, car Simon n'est plus rien quand il agit pour son propre compte. Il n'est Pierre, encore une fois, qu'en effaçant Simon en Jésus et en laissant le Seigneur disposer de lui.

La foi du chrétien est donc entièrement libre des visées personnelles de Simon, fils de Jonas. Elle adhère à Pierre comme au sacrement de Jésus, et c'est ainsi qu'elle en use à l'égard de toute la hiérarchie ecclésiale. C'est Jésus qu'elle cherche et c'est Jésus qu'elle trouve. Et c'est là tout le mystère de l'Église, dans la joie d'une éternelle Pentecôte : que le Christ demeure toujours avec nous sous le voile des signes où notre amour ne cesse de redécouvrir son Visage.

Juin 1960

Dogme et mystique

LE DOGME, dans le langage des conciles œcuméniques, est simplement la présentation homogène du témoignage apostolique en fonction des questions qu'il pose dans le développement de l'histoire et des explications qui en font jaillir les réponses adéquates. Il s'agit toujours et uniquement d'une démarche de la foi qui s'applique à préserver et à dégager la pure lumière du Christ des limites et des pièges des mots en lesquels s'expriment ces questions : pour que le débat mûrisse dans le jour de sa Présence, en échappant à la logique matérielle d'un raisonnement mécanique.

Un concile, en effet, n'est pas une réunion académique où chacun émet ses idées sur un sujet, mais l'un des organismes sacramentels à travers lesquels se perpétue le témoignage de Jésus sur lui-même, dans une incorruptible identité de sens et de fécondité. Sous des aspects divers, aussi bien, c'est toujours Lui qui se dit en réaxant notre regard, déconcerté par d'inévitables interrogations, sur le plein midi de l'éternelle Vérité qu'il est.

Ce qui ne peut s'accomplir que par un nouvel enracinement de notre intimité dans la sienne, où luit « la lumière de la flamme d'amour », dont la foi nous communique le rayonnement à travers la charité qui nous identifie avec lui. C'est en « sa lumière, autrement dit, que nous voyons la lumière », dans le dialogue silencieux où nous nous échangeons avec lui : comme deux époux se reconnaissent dans l'espace de générosité qu'ils deviennent l'un pour l'autre, dès qu'ils échappent à leurs limites.

On entrevoit, finalement, que l'on comprend autant que l'on vit le mystère qu'Il est, en se nourrissant, comme dit saint Augustin, «de cette nourriture des adultes» qui nous transforme en elle. De même que son humanité est toute désappropriée d'elle-même pour n'être plus que le sacrement diaphane du Verbe en qui elle subsiste, notre «moi» possessif doit se laisser consumer par le «Moi» divin dont le baptême nous «revêt», selon saint Paul, en nous faisant ressusciter avec le Christ. C'est en développant ce *changement d'être* qui nous «connaturalise» à lui, en d'autres termes, que nous acquérons une intelligence, toujours plus libre de nos limites, du témoignage où il se dit.

Il y a donc un lien direct entre dogme et mystique dans la mesure même où le dogme exige d'être compris du dedans, comme la confidence que l'intimité du Seigneur fait à la nôtre, à condition que nous soyons, à quelque degré, en équation de lumière et d'amour avec elle par notre identification avec lui.

Janvier-février 1962

L'art de s'émerveiller

LE DÉJÀ-VU nous ennuie, notre attention glisse sur lui et cherche à s'en distraire en se fixant sur d'autres objets qui papillonnent sur l'écran mobile de nos rêves éveillés. Il n'y a pas de bonheur qui résiste à la lassitude et les pires désordres ont souvent pour origine la monotonie d'une existence où rien ne se renouvelle. L'amour s'use de rencontrer toujours le même visage, dont le mystère s'est figé, et la piété elle-même se fatigue de l'image stéréotypée d'un Dieu qui a cessé d'être une découverte.

Je m'entends encore dire à un prêtre que je ne devais jamais revoir et qui me demandait, en courant, un mot pour éclairer son voyage: «Que Dieu vous soit neuf chaque matin.»

La liturgie qui nous rassemble pour faire de nous le Corps du Christ, en forgeant la chaîne d'amour que nouent la prière et les gestes communautaires, n'exclut pas, mais, tout au contraire, veut susciter en nous la prière spontanée où s'exprime ce que nous avons de plus personnel, car ce Corps du Christ que nous avons à former ensemble est un Corps mystique qui a ses assises dans le secret le plus intime de chacun.

Il est donc indispensable, après nous être joints à la prière commune, d'articuler toutes les heures du jour sur une rencontre avec Dieu qui ait la saveur d'une découverte inépuisable, en empruntant à nos goûts et aux circonstances l'expression qui correspond le mieux à notre longueur d'onde.

Pierre Termier, géologue, a trouvé dans la joie de connaître le ferment d'un enthousiasme qui ne cessait d'orchestrer sa ferveur. Einstein, physicien, nourrissait sa religion de l'admiration et du respect que lui inspirait l'harmonie des lois naturelles, serties comme des joyaux dans ses équations. Jean Sébastien Bach vivait le monde en musique en écoutant la musique éternelle, comme saint François louait le Christ, dont il portait les blessures, en chantant le *Cantique du Soleil.* Dante anticipait le paradis dans les sonnets où respire l'amour de Béatrice, avec la même fraîcheur qu'une artiste américaine, devenue madre Francesca Chiara, voyait Dieu dans la pureté des yeux d'enfants.

Ainsi, chacun de ces êtres, sensibles aux résonances divines de la création, a pu être comblé selon ses affinités avec tel ou tel aspect de l'univers et s'offrir à Dieu avec l'élan passionné d'une découverte qui engageait le plus personnel de lui-même.

La liturgie, qui fait concerter autour de l'autel les parfums, les couleurs et les sons, nous invite elle-même à essayer cette lecture transparente du monde visible. Les jeux de la lumière et de l'eau, la majesté des montagnes, le silence de l'aube, le frémissement des arbres, une grande œuvre d'art qu'un album ou un disque mettent à notre portée, voire un simple bouquet de fleurs : tout cela et mille autres choses peuvent nous orienter vers la Source où la vie devient lumière.

Tout s'éclaire, en effet, dès que l'on cesse de se regarder. Mais comment se quitter plus spontanément que par l'admiration qui nous tient suspendus à la Présence infinie que toute réalité peut laisser transparaître ?

Accueillons donc avec bonheur toutes les occasions de nous émerveiller, pour que Dieu ne devienne jamais pour nous du déjà-vu et nous soit vraiment neuf chaque matin. Nous souscrirons alors, sans peine, à ce raccourci qui bouscule quelque peu le langage : *« Dieu, c'est quand on s'émerveille. »*

Septembre-octobre 1960

L'éternelle nouveauté de l'Évangile

L'ÉLOGE QUE JÉSUS fait de Jean-Baptiste semble indépassable. « Il est plus qu'un prophète. » Davantage : « Parmi les enfants des femmes, il n'en est pas de plus grand. » Et pourtant : « Le plus petit dans le Royaume des Cieux est plus grand que lui. » Ce contraste abrupt rend sensible la distance entre l'ancienne et la nouvelle Alliance, entre la révélation antérieure à Jésus et celle qu'il apporte et qu'il est. « Jean est resté à la porte », comme dit un savant exégète. Sa mission était d'être le chemin vers un seuil qu'il ne devait jamais franchir. C'est ce que Jésus donne à entendre en mettant au-dessus du Précurseur le plus obscur disciple de l'Évangile. Il ne pouvait nous révéler plus nettement la conscience qu'il avait de la *nouveauté* de son message.

Comment put-il concilier une vue si ferme de l'écart entre lui et son baptiseur en tant que prophète de l'ancienne Loi avec sa fidélité aux usages et aux pratiques de la synagogue ? C'est, sans doute, qu'il ne pouvait prendre l'initiative d'une rupture qui devait se consommer sur la Croix, où ses juges et ses bourreaux eux-mêmes trouveraient leur suprême chance de salut. Jusque-là, il lui fallait éviter de scandaliser la foi des humbles comme de paraître encourager un messianisme politique foncièrement étranger à sa pensée. Mais cette réserve et cette patience n'entamaient aucunement sa certitude que l'ancienne Économie touchait à sa fin.

La faveur qu'il témoigne aux Samaritains schismatiques, l'annonce de la ruine du Temple et du transfert du

Royaume de Dieu aux non-Juifs, glorifiés dans la personne du centurion dont nous redisons chaque jour la prière, comme le recours au proverbe qui prescrit de ne pas mettre du vin nouveau dans de vieilles outres, confirmé par son opposition à la tradition des anciens qui éclate dans le Sermon sur la montagne : tout cela, conduites et paroles, ne peut laisser le moindre doute sur la nouveauté qu'il attribuait à l'Alliance dont sa présence inaugurait l'accomplissement, en attendant qu'elle fût scellée par son sang. « Tous les prophètes, ainsi que la Loi, ont mené leurs prophéties jusqu'à Jean. » Ça, c'est le passé définitivement révolu. Depuis Jean, l'Évangile est annoncé, offert à tous comme le suprême don de Dieu. L'immensité de l'événement se fera jour au lavement des pieds. Jésus à genoux devant ses apôtres, cela veut dire, en effet : le Royaume de Dieu est en vous, le Royaume de Dieu, en d'autres termes, c'est l'homme uni à Dieu et qui laisse transparaître Dieu pour en communiquer la lumière et la joie.

Mais Jésus était seul à le comprendre. Il ne lui restait plus qu'à mourir pour faire tomber le voile qui dérobait à l'humanité le vrai visage de Dieu.

S'il convient donc d'affirmer la continuité des deux Testaments, il ne faut jamais oublier la distance des prophètes à Jésus et le changement de niveau qui conditionne l'accomplissement de toutes les promesses. C'est de la Croix que Jésus nous appelle et c'est son amour qui est toute la vérité et toute la loi : dans l'espace de générosité où il nous accueille et où notre liberté respire.

Janvier-février 1961

Hommage de l'amitié

IL Y AVAIT une fois un très jeune curé, tout féru de principes et de droit canon, qui prenait fermement en main une paroisse que la longue maladie de son prédécesseur avait laissée quelque peu folâtrer dans les verts pâturages. Le jeune curé entreprit sans tarder de la rappeler aux disciplines orthodoxes, en lui inculquant le respect de la Loi. Il s'aperçut par bonheur, très vite, que, sur l'immense territoire qui lui était échu, bon nombre de ses ouailles n'avaient plus qu'une très vague notion de leur catholicité et qu'il s'agissait de les gagner et non de les commander. Il se mit à défricher les recoins perdus de l'arrière-pays et, payant sans compter de sa personne, il apprit à lire dans les âmes ce que l'on ne peut apprendre dans les livres. Il comprit que l'Évangile est une Présence dont le prêtre est le sacrement et que la seule manière efficace d'en témoigner était de se faire tout à tous, en ouvrant par la bonté tous les chemins imprévisibles de la grâce.

C'est alors que j'eus la joie de le rencontrer et qu'il me fit l'honneur de m'associer à son ministère avec une confiance, une générosité et une délicatesse dont il m'est impossible d'exprimer toutes les nuances et tous les aspects.

Morges, où je reçus cette grâce, ne devait pas le retenir. Le jeune curé étendait sans cesse son champ d'apostolat, à mesure que s'approfondissait son sens de l'universel humain. Son transfert à Ouchy offrait une carrière plus vaste à son zèle, dont d'autres pays devaient bénéficier. Il voulut bien m'y garder tout le trésor de son amitié.

C'est à l'ami, si merveilleusement fraternel, que je désire apporter aujourd'hui mon hommage, en lui disant toute ma très profonde et très affectueuse gratitude.

Mai 1951,
à l'intention de Mgr Ramuz

En hommage...

Monseigneur et très cher ami,

VOUS ÊTES ICI doublement chez vous : au titre de prêtre, d'abord, ordonné au Christ pour toute l'Église ; au titre d'ancien vicaire, ensuite, puisque c'est dans cette paroisse que vous avez accompli, sous la direction de M. le curé Borel, votre premier ministère pastoral.

Mais c'est plus encore comme ami intime de Sa Sainteté Paul VI que nous avons la joie de vous accueillir aujourd'hui.

Je ne crois pas me tromper en disant que vous êtes celui qui le connaît le mieux, comme il est celui qui vous connaît le mieux.

Il est impossible d'imaginer un sacrement plus diaphane de la bonté et de la tendresse divines que celui qui se révèle dans ces lettres du cardinal Montini que vous m'avez lues hier soir. De quel cœur il participe à tout ce qui vous touche, avec quelle exquise délicatesse il s'adresse à votre mère, gravement malade, en évoquant le cher visage, trop tôt disparu, de votre frère, écrivain et mystique.

En vérité, personne plus fraternellement que le Prélat qui devait succéder à saint Charles Borromée, avant de succéder à saint Pierre, n'a compris l'épreuve qui a brisé votre santé et réduit si douloureusement vos énergies, personne ne s'est montré plus humble dans les encouragements qu'il offrait à votre humilité, personne ne vous a rappelé avec plus de tact le sens de l'unique nécessaire, personne n'est resté plus proche de vous – jusqu'au tutoiement réciproque – à travers une carrière dont les honneurs n'altérèrent jamais la parfaite simplicité : que l'émotion avec laquelle votre ami, devenu Paul VI, vous accueillit à Rome, vous a rendu plus sensible que jamais.

L'accession au souverain pontificat ne pouvait rien changer, en effet, malgré le protocole, à la fidélité de ce cœur, si admirablement généreux, comme en témoigne, aussitôt après son élection, la dépêche du Saint-Père qui répondait si affectueusement à la vôtre, comme en fournit une nouvelle preuve, quelques semaines plus tard, le titre qu'il vous conféra et que vous porterez désormais, « Monseigneur », comme l'auréole infiniment précieuse de sa plus vigilante amitié. Qu'au milieu des travaux accablants dont le charge une sollicitude universelle, et en pleine période conciliaire, il ait tenu à vous donner ce témoignage si émouvant de sa présence est un de ces traits où se révèle le mieux l'humanité d'une grande âme.

C'est pourquoi nous pouvons dire qu'avec vous, et à travers vous, c'est le pape que nous avons le privilège de recevoir et d'assister en cette liturgie que vous célébrez pour lui, en union totale avec sa prière en Terre sainte, et le merci que nous vous adressons pour la joie que nous donne votre présence, Monseigneur et très cher ami, s'adresse aussi, indivisiblement, à lui, qui restera toujours, autant qu'il est devenu votre Père vénéré comme il est le nôtre : votre frère très aimé.

Janvier-février 1964,
à l'intention de Mgr Henri Ferrero
à l'occasion d'une importante
nomination par Paul VI

Les deux jardins

LA DISTANCE entre l'ancienne et la nouvelle Alliance, l'Ancien et le Nouveau Testament, que Jésus révèle en mettant au-dessus de Jean-Baptiste – le plus grand des prophètes – le plus petit de ses disciples, nous devient plus sensible par la comparaison des deux jardins : l'Éden et Gethsémani.

Dans le premier, l'homme se voue à la misère et à la mort en violant l'interdit de Dieu. Dans le second, Dieu agonise en assumant la misère et la mort de l'homme. Dans le premier, l'homme voit en Dieu une puissance qui limite arbitrairement son domaine, un rival dont il deviendra l'égal en s'appropriant le fruit défendu. Dans le second, Dieu met l'homme si haut qu'il ne veut se l'attacher qu'en mourant pour lui.

Comme Dieu n'a pu changer, il faut bien admettre que la vision de la Genèse est imparfaite par rapport à celle de l'Évangile et que la conception de Dieu qui s'y fait jour reflète les limites de l'auteur du récit de la création et de la chute originelle.

Cette conclusion s'impose avec d'autant plus de force que saint Paul n'hésite pas à opposer le régime mosaïque de la Loi au régime christique de la Grâce : comme la servitude à la liberté.

Rien ne peut nous induire avec plus d'autorité à ne pas mettre sur le même plan les étapes d'une révélation progressive où la Parole de Dieu doit, inévitablement, s'adapter pédagogiquement à la cécité ou à la myopie de l'homme.

Il importe de nous en souvenir au seuil du mystère pascal, où la réforme de nous-mêmes doit préluder à la naissance du Feu nouveau.

Si aimer, c'est vouloir passionnément la grandeur de l'être qu'on aime, qui veut plus passionnément notre grandeur que Celui qui nous aime jusqu'à la Passion de la Croix ?

Nous convertir, ce n'est donc pas autre chose que croire et nous offrir à cet Amour qui s'offre à nous dans le dépouillement infini de son agonie.

Tout change quand on passe du premier jardin au second. Dieu n'est pas un maître jaloux de notre expansion. Il s'atteste, au contraire, dans la nouvelle et éternelle Alliance, mêlé à notre histoire comme le ferment de notre divinisation.

Quelle parole pourrait mieux nous en convaincre que ce mot prodigieux de saint Ambroise : « Le Verbe s'est fait chair, pour que la chair devînt Verbe. »

Janvier-février 1965

La nouvelle naissance

QUAND LA DISCORDE s'établit dans un ménage, le regard des époux s'altère. Ils ne se voient plus dans l'émerveillement où leur amour a surgi au temps de leurs premières rencontres. Une attitude critique les incline à ressentir les défauts plus qu'à reconnaître les qualités, et il arrive qu'ils deviennent totalement étrangers l'un à l'autre, au point de ne plus comprendre comment ils ont pu croire à un bonheur dont il ne reste plus rien. Tant il est vrai que la lumière des yeux dépend des affinités du cœur.

On retrouve une situation analogue dans les crises de la vie spirituelle, comme en témoigne ce texte surprenant de saint Théophile, sixième évêque d'Antioche, qui écrit vers 182 : « Si tu me dis : ‹Montre-moi ton Dieu›, je te dirai : ‹Montre-moi quel homme tu es, et je te montrerai quel est mon Dieu. Montre-moi si les yeux de ton âme voient clair, et si les oreilles de ton cœur savent entendre.› Dieu est perçu par ceux qui sont capables de le voir, quand ils ont les yeux de l'âme ouverts.» On ne peut dire plus nettement que la qualité du regard décide de la capacité de voir. On voit comme on est. Pour voir autrement, il faut changer d'être.

C'est vraisemblablement ce que signifie l'avertissement de Jésus à Nicodème: «À moins de naître de nouveau, personne ne peut voir le règne de Dieu» (Jn 3,3).

Il n'y a donc pas lieu de s'étonner que certains êtres n'aient aucun sens de Dieu. C'est qu'ils ne sont pas encore au niveau où il devient possible de le rencontrer. En limitant l'homme à ses nécessités physiques et à son affectivité instinctive, ils n'éprouvent pas le besoin de se dépasser.

Ils ne s'éveilleront à la vie spirituelle qu'en découvrant, en eux-mêmes, l'espace infini où Dieu se révèle comme la seule Présence qui le puisse combler. Tout ce qu'un croyant peut faire, c'est de leur rendre sensible cet espace par la qualité de sa vie. Sinon, ils pourraient retourner contre lui le texte de saint Théophile, en lui disant: «Montre-nous d'abord quel homme tu es et nous croirons à ton Dieu, s'il transparaît avec tant d'évidence dans la grandeur de ta vie que nous ne puissions plus douter de son existence.»

Les incroyants ne cessent de nous adresser ce défi, en nous rappelant, opportunément, que l'authenticité de notre vie peut seule inscrire efficacement la Présence de Dieu dans l'histoire humaine.

Septembre-novembre 1963

La paroisse : mystère d'incarnation

COMBIEN DE FOIS ai-je eu l'occasion, au cours d'un ministère itinérant, de dire à des amis de divers pays : sans le Christ, nous ne nous serions jamais rencontrés.

On peut en dire autant de la paroisse : sans le Christ, nous ne serions pas rassemblés pour fêter ce cinquantenaire de notre existence communautaire.

Il est difficile d'imaginer ce que serait, sans Lui, la civilisation de notre pays, dont le christianisme a été et demeure le ferment. Sa croix, en effet, n'est pas seulement la gloire de notre drapeau [1], elle a fait fructifier toutes les valeurs humaines dont nous gardons encore le respect et qui assurent, malgré beaucoup d'accrocs, la durée de nos institutions.

S'il est impossible de douter de la présence du Christ dans notre histoire comme dans notre vie, il n'est pas moins incontestable que c'est l'Église qui nous la communique.

C'est là un fait qui mérite réflexion. Jésus n'a pas écrit une ligne et, dans les dossiers officiels de Rome ou de Jérusalem, si son nom y figura jamais, sa brève carrière devait se clore sur le supplice du vendredi saint. Comment s'opéra le retournement qui fit de sa Personne le centre de l'histoire universelle, sinon par le surgissement de la com-

1. Le drapeau de la Suisse, constitué d'une croix blanche sur fond rouge.

munauté apostolique, qui partit à la conquête du monde en témoignant de sa vie, de sa mort et de sa résurrection.

Tout ce que nous savons du Christ repose sur ce témoignage – oral ou écrit, peu importe – des premiers disciples : retransmis, substantiellement identique, par la chaîne ininterrompue de leurs successeurs. Si nous nous bornions à cet aspect, nous serions déjà fondés à reconnaître l'importance de la communauté ecclésiale, qui est notre seul lien avec l'existence historique de Jésus.

Mais l'Église ne se présente pas seulement comme le témoin d'une vie qui se situe au début de l'ère à laquelle elle a donné son nom, ni comme la dépositaire d'une doctrine issue de la parole du Christ. Elle est, bien plus encore, l'organisme, le sacrement collectif, qui nous communique sa présence.

C'est le caractère propre du christianisme de ne pouvoir se détacher de la Personne de son fondateur. La révélation qu'il apporte tient à lui ou, plutôt, elle est lui : plus qu'un enseignement donné par lui.

Saint Augustin nous aide à comprendre pourquoi quand il présente sa conversion comme un passage du dehors au dedans, en disant à Dieu, dans ses *Confessions* : « Tu étais *dedans (intus)*, mais moi, j'étais dehors. »

Il rejoint ainsi le dialogue de Jésus avec la Samaritaine qu'il induit à découvrir Dieu, au plus intime de son âme, comme une « source qui jaillit en vie éternelle ». C'est pourquoi l'auteur des *Confessions* dit, admirablement, à son Confident divin : « Tu es plus intime à moi-même que le plus intime de moi-même. »

Nous voilà au centre de la perspective chrétienne : la révélation évangélique porte essentiellement sur *l'intimité de Dieu* pour qu'elle devienne la vie de notre intimité. Or, une intimité ne peut se communiquer avec des mots, comme un enseignement. Elle ne peut prendre racine que dans l'intimité d'un autre qui s'ouvre à elle pour l'accueillir.

Saint Paul nous apporte, ici, toute la lumière de son expérience, quand il écrit aux Philippiens : « Pour moi, vivre c'est Christ. » On ne peut mieux dire qu'il s'agit de s'identifier avec une Personne et non de retenir, comme à l'école, sans s'engager, la leçon du maître.

C'est pourquoi le même Apôtre, dans la seconde aux Corinthiens, compare le Christ à un Époux unique, auquel il a fiancé la communauté à laquelle il s'adresse.

Il s'agit donc, pour lui, non de consigner les faits et gestes du Christ en des archives, mais d'établir une réciprocité nuptiale entre Jésus et chaque membre de l'Église.

C'est à cette union personnelle avec le Seigneur que tout s'ordonne dans la pensée du converti de Damas : le ministère des apôtres, la lettre qu'il écrit et qui va devenir une partie des livres saints, les sacrements, l'Église tout entière, enfin, avec laquelle Jésus s'est identifié dans sa première rencontre avec lui : « Je suis Jésus que tu persécutes. »

Voilà le centre du mystère ecclésial : l'Église, *c'est* Jésus. Le Christ continue à être une Présence toujours actuelle, il continue à vivre *parmi nous* en vivant *en nous*. C'est à travers l'intimité de ses membres mystiques que sont les chrétiens réellement fidèles, autrement dit, que l'intimité de Jésus ne cesse d'être la lumière du monde comme la révélation plénière de Dieu.

Que l'Église soit une communauté chargée de présenter et de donner le Christ à tous les hommes en *vivant* du Christ signifie, sans aucun doute, que l'incarnation du Seigneur se poursuit en nous : l'intimité du Seigneur ne peut en effet s'offrir à nos contemporains, comme la vie de leur intimité, que s'ils peuvent rencontrer Jésus comme une présence réelle qui transparaît en nous.

L'Église n'est pas une institution située en dehors de nous, comme un objet. Elle est une réalité *mystique* qu'il s'agit de vivre du dedans pour que tous les hommes puissent accéder, par elle, à l'intimité du Seigneur.

La mission de la paroisse est définie par cette théologie mystique. Ces cinquante ans que nous commémorons ont-ils été, pour tous les membres de notre communauté, une permanente rencontre avec Jésus, dont l'intimité a pu rayonner, à travers eux, sur tous leurs contemporains ? Toute la question est là.

Ce jubilé n'a d'autre sens que de nous rappeler cette vocation essentielle du chrétien et d'engager chacun de nous à devenir toujours plus authentiquement l'incarnation du Seigneur : pour que le vrai visage de l'Église se révèle en nous et que chacun de nos frères humains puisse, à travers nous, rencontrer Jésus.

Avril 1966

Pierres vivantes

« Tu es Simon, fils de Jean : tu t'appelleras Pierre. »

C'EST AINSI que l'Évangile nous présente la première rencontre de Jésus avec saint Pierre. Ce changement de nom annonce la mission de l'Apôtre et dessine déjà la figure de l'Église, bâtie sur cette pierre vivante. La première pensée du Seigneur, au commencement de sa carrière publique, vise donc cet organisme dont tout homme est appelé à être membre : l'Église.

Pour saisir la primauté de cette intention, il faut se rendre compte du caractère propre de la Révélation chrétienne. Le Christ n'apporte pas une doctrine, un enseignement, un système. Des mots par eux-mêmes, en effet, nous laissent aussi étrangers à la Vérité et à l'Amour qu'ils nous laissent extérieurs à nous-mêmes. Des tonnes de discours n'ont jamais rien changé à rien. Ce que l'Évangile nous apporte, c'est le *jour de l'intimité divine.*

Mais la lumière d'une intimité, nous le savons, ne peut se faire jour que dans une autre intimité que l'amour identifie avec elle. Il était donc impossible que le *jour de l'Intimité divine* nous devînt réellement et totalement présent autrement qu'en *transparaissant* dans un être humain, dont la personnalité s'enracinerait dans cette Intimité au point de se confondre avec elle et le rendrait apte, par là même, à nous la communiquer sans ombre ni limite.

Tel est le secret de l'Incarnation, qui fait de Jésus, tout ensemble, le Révélateur et la Révélation.

Mais, s'il en est ainsi, il est clair que la Révélation chrétienne n'est pas séparable de la Personne de Jésus, puisqu'elle coïncide rigoureusement avec elle.

Il s'ensuit que cette Révélation ne restera au niveau d'elle-même à travers l'histoire que si Jésus *en Personne* demeure avec nous.

Tout le mystère de l'Église est là : Jésus présent, en Personne, dans la communauté qui est le signe visible et le corps sacramentel de sa Présence réelle.

Mais il est de toute évidence que l'Église ne peut être le signe *visible* du Christ toujours présent comme est visible un caillou, mais comme le sourire d'un visage peut être le signe visible d'une intimité dont il nous communique le rayonnement.

C'est le sens profond du divin jeu de mots : « Tu es Simon, fils de Jean ; tu t'appelleras *Pierre*... et sur cette pierre, je bâtirai mon Église. »

Car justement, l'Église ne pourra être construite que de *pierres vivantes*, capables de laisser transparaître le jour de l'Intimité divine en qui tout devient Vie.

Depuis l'Ascension, le Christ invisible, quoique toujours présent, ne peut être visible qu'à travers l'Église, c'est-à-dire à travers nous. C'est à chacun de nous qu'il appartient d'être, pour les autres, son Visage.

Tout est là : nous avons construit l'église-maison avec les pierres de nos collines, avec le ciment et le fer. Nous en sommes heureux et humblement fiers.

Maintenant commence le vrai travail qui est de construire l'Église-Corps-du-Christ avec les *pierres vivantes* que nous avons à devenir.

Octobre 1951

En découvrant l'église

INSCRIRE LA LIBERTÉ dans la nécessité, créer un espace infini dans une structure fermée, introduire la grâce dans la pesanteur, réaliser l'unité en évitant la monotonie : c'est en cela que consiste l'art de l'architecte, qui doit assurer la solidité d'un édifice et l'adapter à son usage, en se pliant aux déterminismes naturels des matériaux dont il dispose. Un mur branlant peut éventuellement nous émouvoir dans un tableau qui entraînerait un désastre dans un immeuble habité. C'est précisément ce qui constitue la grandeur spécifique de l'architecture qu'elle doit jouer avec des résistances dont elle ne peut éluder la contrainte.

En tenant compte des critères qui viennent d'être rappelés, on peut dire que la restauration de notre église représente une réussite architecturale tout à fait remarquable. La première impression que l'on éprouve est, précisément, celle d'un espace harmonieux qui offre une demeure à l'esprit. Les deux arcs qui s'ouvrent sur les chapelles s'imposent comme une trouvaille particulièrement heureuse. Ils exhaussent toute cette région et accentuent le mouvement des arcs qui les précèdent. Le dégagement des bas-côtés – autre surprise – permet au regard d'embrasser, sans obstacle, dès l'entrée, toute la longueur de l'édifice et de rencontrer, immédiatement à droite, le tabernacle qui lui fait face. Les plafonds de bois tempèrent discrètement l'éclat des murs blancs et leur obliquité les raccorde avec bonheur à la grand-nef. Les colonnes, avec leurs chapiteaux simplifiés, sont admirables de forme et de ton et réalisent pleinement cette fonction d'allégement par où la grâce triomphe de la pesanteur. Le chœur est vaste et s'achève délicatement dans la courbure de l'abside maintenant entièrement visible. Le groupement des quatre vitraux de Cingria dans la chapelle de la Sainte Vierge les met, enfin, en pleine valeur. Le porche est merveilleusement aéré et constitue une voie d'accès parfaitement adaptée à la clarté joyeuse de l'espace intérieur que l'on ne se lasse pas de découvrir sous les multiples aspects qui en rendent sensibles l'équilibre lumineux et l'exemplaire sobriété.

Novembre 1972
À l'occasion de la restauration
de l'église du Sacré-Cœur

Le sanctuaire de nous-mêmes

JÉSUS A ESTIMÉ notre vie au prix de la sienne.

La Croix révèle la valeur infinie de l'homme au regard de Dieu.

Saint Paul proclame, à son tour, notre grandeur et notre dignité, en nous rappelant que nous sommes les membres du Christ, le Temple de Dieu, le sanctuaire de l'Esprit Saint.

La destruction du Temple de Jérusalem, annoncée par Jésus, revêt toute sa signification dans l'entretien du Seigneur avec la Samaritaine. Désormais, le vrai sanctuaire de la Divinité, c'est elle-même, c'est l'homme, c'est chacun de nous.

Les cathédrales de pierre veulent nous rassembler autour de la table sainte pour faire de nous le corps mystique du Seigneur. Il ne s'agit donc pas d'enfermer la sainteté dans les murs de nos églises, ni même dans les signes sacrés qui sont aptes à la susciter, mais de la réaliser *en nous*.

Le respect du sanctuaire que nous sommes résume toute vertu comme il nous fait prendre conscience de notre suprême dignité, en nous ramenant sans cesse au dialogue avec la Présence dont nous sommes le tabernacle.

Laisser vivre cette Présence en nous, la reconnaître et lui ouvrir un espace en autrui, tout est là depuis que l'Évangile a transféré *en l'homme* le sacré, qui s'attachait aux lieux ou aux édifices où la Samaritaine, héritière d'une longue tradition, était tentée de localiser Dieu.

Ceci, bien sûr, ne doit pas nous entraîner à déserter les lieux de culte, mais à mettre l'accent sur *l'assemblée* où la charité s'affirme en l'échange de Dieu.

Or, la charité, précisément, ne peut éclore qu'en prenant racine dans la foi en la valeur infinie de l'homme, appelé, comme dit encore saint Paul, à manifester dans son corps la vie de Jésus.

On comprend, dans cette perspective, ce mot admirable d'un poète chrétien: «Il ne faut s'approcher de soi-même que sur la pointe des pieds.» Être chrétien, en effet, c'est faire de soi le sanctuaire de Dieu, c'est devenir le tabernacle et l'hostie.

Si nous étions conscients de notre vocation, si nous connaissions le don de Dieu, toute notre vie serait «un pèlerinage vers l'Ami qui demeure en nous».

Mai 1964

Dieu se confie à notre amour

LES ASTRONAUTES sont en route vers la lune pour la deuxième fois. Nous espérons qu'ils arriveront bientôt, en toute sécurité, et nous rapporteront quelque lumière sur ce satellite de la terre que nous regardons avec tant de sympathie dans les nuits claires. Ce grand voyage nous émerveille. Quelle aventure! Que l'homme ait pu, grâce à sa technique, grâce à son intelligence, grâce à ses calculs, grâce aux machines qu'il a conçues, décoller de la terre et aller jusque-là. Et ce n'est qu'un commencement : puisque des astres innombrables, situés à des milliards d'années-lumière par rapport à nous, présagent des découvertes à faire jusqu'à la fin de l'histoire. C'est une merveilleuse aventure qui a commencé, qui se poursuit, et nous souhaitons de tout cœur bon voyage aux astronautes, tout en nous rappelant que cette aventure est limitée, parce que les mêmes Américains, qui ont su combiner cette expédition spatiale si digne d'admiration, sont enferrés depuis tant d'années dans cette guerre du Viêt-nam, où des centaines de milliers de jeunes gens s'exposent à la mort, sans qu'on voie à cette tragédie épouvantable une issue raisonnable. Et voilà justement le contraste : cette grande aventure vers l'espace, cet immense voyage cosmique, ce n'est qu'un tout petit voyage par rapport au grand voyage vers nous-mêmes. C'est le plus difficile. Tout l'univers pourrait être parcouru par des engins spatiaux : ce ne serait rien à côté de ce voyage que nous avons à faire jusqu'à nous-mêmes. Les Américains peuvent aller jusqu'à la lune et ils n'arrivent pas jusqu'à l'homme, et nous non plus nous n'arrivons pas jusqu'à l'homme, nous non plus nous ne savons pas nous trouver, nous non plus nous ne sommes pas entrés au cœur de notre propre intimité et nous avons à apprendre à faire ce voyage vers nous-mêmes. C'est ça, la grande aventure. Nous ne sommes pas ici pour plaisanter ; nous sommes ici pour apprendre cette aventure : le voyage vers nous-mêmes.

Qu'est-ce qu'il y a à découvrir en nous ? D'abord l'homme qui n'est pas encore mais que nous avons à faire en nous, l'homme que nous avons à devenir. Jésus, précisément, Jésus nous a ouverts à cette aventure. Il nous en a enseigné le chemin ou, plutôt, il est lui-même le Chemin de cette aventure : le chemin vers nous-mêmes. Et c'est ce qu'il faut comprendre : la colo, c'est merveilleux, la communauté de la colo, c'est admirable. Toute l'amitié qui s'y donne, tout le dévouement qui s'y dépense, tout cela est digne de tout éloge et de toute reconnaissance. Mais finalement, tout ce travail, pourquoi ? Tous ces efforts, vers quoi ? Mais vers vous : là où justement vous avez à arriver, vers vous, pour que vous vous engagiez dans ce voyage, vers vous, pour que vous couriez cette merveilleuse aventure. Vous allez comprendre tout de suite le sens de cette aventure si vous vous rappelez un épisode, un moment de la vie de Jésus, un moment unique, incroyable, merveilleux, bouleversant, que les apôtres eux-mêmes ne pouvaient pas comprendre, auquel ils voulaient se dérober, parce qu'ils ne comprenaient pas le sens de ce geste, et cet épisode et cet événement qui transforme toute l'histoire humaine, c'est le lavement des pieds.

Vous vous rappelez Jésus, la veille de sa mort, Jésus, à quelques heures de son agonie, met de l'eau dans un bassin, se ceint d'un linge, s'agenouille devant ses apôtres et leur lave les pieds. Qu'est-ce que cela veut dire ? Dieu à genoux devant les hommes ! Qu'est-ce que cela veut dire, sinon justement que, dans les hommes, il y a l'infini.

L'église où nous sommes n'est que l'image de l'Église que nous avons à devenir. La véritable Église, c'est vous. La véritable Église, c'est chacun de nous. Bien plus, le Ciel tout entier est là, au-dedans de nous. Aller au Ciel, ce n'est pas aller derrière les étoiles. Aller au Ciel, c'est retrouver dans son cœur cette présence de Dieu qui nous attend et qui est la respiration de notre cœur et de notre esprit. Comprenez, c'est tellement important. Ce serait fou d'être ici, rassemblés, simplement pour nous amuser, pour nous distraire au son de la batterie. Une belle musique, c'est déjà quelque chose de précieux, bien sûr. Ça peut être un chemin vers Dieu. C'est souvent un chemin vers Dieu, à condition qu'on la vive, à condition que l'on entre dans le silence de son cœur, à condition que l'on découvre ce visage de Dieu imprimé au plus profond de nous-mêmes, qui est la Vie de notre vie et la Source de la plus merveilleuse aventure.

Le chrétien, ce n'est pas quelqu'un qui chemine sur la route, qui s'amuse le long du chemin et qui, de temps en temps, se dit : « Oui, bien sûr, je mourrai un jour. Il faudra bien que je passe par là et, autant que possible, il faut que j'arrive au ciel plutôt que de tomber en enfer. » Cette vision est sans intérêt. Ce n'est pas ça, la vision chrétienne. Ce n'est pas pour cela que Jésus est venu parmi nous. Ce Jésus qui nous attend aujourd'hui, il veut nous conduire à un Ciel qui est en nous. Il veut nous apprendre le chemin vers nous-mêmes. Tout ce que vous apprenez à l'école, tout ce que vous pouvez retenir de vos jeux – qui sont nécessaires –, tout ce que la colonie peut vous donner à découvrir dans la montagne, tout cela, finalement, n'a qu'un seul but : c'est de faire de vous des hommes, c'est de faire de vous des créateurs, c'est-à-dire de vous conduire à cette source au-dedans de vous qui jaillit en vie éternelle. Il faut comprendre la fierté du chrétien : sa gloire est là, justement, c'est qu'il est appelé à une immense aventure de tous les instants ; à chaque battement de son cœur, il est appelé à découvrir quelque chose de merveilleux, d'inépuisable et qui est éternel, aujourd'hui. C'est aujourd'hui qu'il faut entrer au Ciel, dans ce Ciel intérieur à nous-mêmes en la rencontre, dans le secret de notre cœur, avec cet amour infini qui est le Dieu vivant.

Mary Webb, cette grande romancière anglaise, raconte l'histoire de la petite Prue, une paysanne, qui avait un bec-de-lièvre, qui avait la lèvre supérieure fendue, qui était défigurée – à une époque où on ne savait pas encore opérer cette infirmité –, qui se cachait un peu, qui n'aimait pas se montrer à cause de son infirmité et qui avait découvert la terre et était paysanne jusqu'au bout des ongles. Elle aimait la terre passionnément et faisait rendre à la terre du mille pour cent, parce qu'elle y mettait tant d'ardeur, tant d'enthousiasme, tant d'admiration que les fleurs fleurissaient sous ses pas, le blé levait, les moissons étaient surabondantes, et tous les arbres étaient chargés de fruits. C'était sa seule joie au monde : faire rendre à la terre toutes ses richesses et toutes ses beautés. Et elle était seule. Sa mère était incapable de rien. Son père était une brute, que son frère avait tué. Il n'y avait qu'elle, dans tout le domaine, pour veiller à l'éclosion des moissons et des fruits. Et voici que, l'été passé et le travail achevé, quand toutes les moissons avaient été engrangées, tous les fruits récoltés et que les poires et les pommes reposaient dans le cellier, en attendant leur pleine maturité, Prue filait la laine de ses moutons en regardant la campagne qui dévalait sous ses yeux. Elle était pleine d'enthousiasme et d'admiration et, tout d'un coup, il lui sembla qu'une créature toute de lumière était venue de très loin nicher dans son cœur. C'était merveilleux : elle n'était plus seule.

Elle sentait une présence qui la remplissait, elle retenait son souffle, elle ne savait pas quel nom lui donner, mais elle savait que c'était cela qu'elle cherchait et qu'elle avait trouvé un trésor merveilleux, qu'elle avait rencontré un amour inépuisable, et chaque fois qu'elle revenait dans son cellier, en respirant l'odeur des fruits mûrissants, elle recevait la même visite, au cœur même du silence, la même visite, la même lumière, la même joie, la même présence, et elle était si heureuse qu'elle se disait : « Bénie soit mon infirmité, car sans elle je n'aurais jamais entendu cette voix qui vient d'au-delà même du silence. »

Et voilà comment cette petite paysanne, à travers tous ses travaux, à travers toute sa solitude, tout d'un coup, découvre la grande aventure, en reconnaissant, au fond de son cœur, cette présence adorable qui n'avait jamais cessé de l'attendre.

Eh bien ! c'est cela le sens de notre rencontre, ce matin. Il ne s'agit pas d'être des poules mouillées, il ne s'agit pas de s'amuser à de petites bêtises ; il s'agit de ne jamais perdre de vue que nous sommes appelés à la grandeur, que chacun de nous porte tout le Ciel dans son cœur, que chacun de nous porte Dieu en lui-même, que chacun de nous peut transformer le monde s'il laisse passer à travers son visage, à travers son sourire, à travers son amitié, cette présence adorable du Seigneur. Et voilà le sens de vos vacances, voilà l'esprit qui anime tous ceux qui s'occupent de vous, qui se dévouent pour vous et qui vous aiment tant : c'est qu'ils ont compris qu'il y a en vous un merveilleux trésor, que chacun ou chacune de vous est nécessaire, indispensable, parce que chacun ou chacune de vous, justement, porte en lui-même ou en elle-même le Dieu vivant et peut le donner, sans rien dire, dans le sourire de sa bonté.

C'est pourquoi nous voulons nous rappeler maintenant, en suivant les astronautes dans l'espace, en les regardant alunir sur notre satellite, que notre aventure à nous est encore infiniment plus grande, infiniment plus belle et plus digne d'enthousiasme, parce qu'elle n'a pas de fin, parce qu'elle est inépuisable, parce qu'elle est éternelle, parce qu'elle est infinie.

Voilà, Dieu est là qui nous attend. *Il nous attend.* Il est là, dans notre cœur, comme un immense secret d'amour que nous avons à découvrir à chaque instant et à communiquer aux autres, sans en parler, en leur apportant, sachant que Dieu est confié à notre amour, le sourire merveilleux de sa bonté.

Juin 1970
Fête de la colonie

«Mon ami, monte plus haut!»

L'HUMILITÉ est si rare qu'il est bien difficile de savoir en quoi elle consiste. Les formules d'humilité, en revanche, abondent, qui sont les masques de la vanité. Le problème est de la concilier avec cet appétit de grandeur qu'on ne saurait étouffer sans éteindre la flamme même de la vie.

Étymologiquement, humble signifie bas, près de l'humus, au ras du sol. Ce qui semble exclure toute visée des sommets et ne comporter que la résignation de l'esclave. Sous cet aspect, elle ne peut que répugner à qui rêve de faire de sa vie une passionnante aventure.

En réalité, si l'humilité est une vertu *(virtus)*, elle tend au maximum de virilité *(virilitas)* et d'authentique grandeur. C'est ce qu'il faut montrer en définissant la vraie grandeur. Nous la reconnaissons à ceci qu'elle nous met en présence d'un Infini qui nous libère de nous-mêmes, en nous comblant dans le plus intime de nous-mêmes. Ce qui implique, dans les hommes en qui nous la rencontrons, une transparence à cet Infini dans un paisible effacement d'eux-mêmes. C'est ainsi qu'ils accèdent au premier rang, en se mettant au dernier.

On voit tout de suite que cette grandeur ne tient pas à leur situation, aux postes qu'ils occupent, en un mot à ce qu'ils font, mais à ce qu'ils sont. Ils ont choisi d'être, d'être sans limites. C'est pourquoi ils se sont perdus d'amour dans le seul Être illimité par essence, qui ne cesse de murmurer au fond de leur cœur : « Mon ami, monte plus haut ! »

Septembre 1974

Invitation
à la vie

La Suisse cherche son âme

LES GRÈVES FRANÇAISES déclenchées pour de justes revendications nous ont fait sentir brusquement le mystère du *consentement*. Aussi mécanisée que puisse être notre civilisation, il y a pourtant des *hommes* aux leviers de commande qui peuvent fausser le jeu de la machine. Dans un voyage de nuit, il paraît naturel que le chef de gare soit sur le quai, que l'aiguilleur veille à son poste et que les agents des postes préparent la distribution du courrier, comme il semble aller de soi que le pain et le lait se trouvent sur la table, au petit déjeuner, avec le journal du matin. Les hommes dont le travail permet aux autres de dormir ou de manger, de se déplacer ou de correspondre, ne se distinguent plus, pour nous, de l'organisation où ils s'insèrent et des horaires auxquels ils sont astreints.

Et voici soudainement que tout s'arrête. Les trains ne partent plus, le téléphone est coupé, la poste ferme ses guichets, le gaz manque et, d'un secteur à l'autre, toute l'économie publique se paralyse. La machine est là, cependant, toujours prête à marcher : c'est l'homme qui ne marche plus. On découvre alors le nombre extraordinaire de salaires insuffisants et l'on admet enfin la nécessité urgente d'élever les plus faibles, dont la grève tire sa première justification. Mais la confiance ne peut naître d'un ajustement tardif que la force a dû imposer. Il fallait y penser avant que la force ne devînt nécessaire : par simple respect pour l'homme, dont le consentement conditionne finalement la puissance de la machine.

Épargné par deux guerres, où la France a été saignée, notre pays peut se croire à l'abri des crises sociales et politiques que suscite, à la longue, tout malaise auquel il n'est pas remédié. Cette vue courte est dangereuse autant qu'elle est immorale. Un mouvement séparatiste se développe dans le Jura et les producteurs valaisans nous ont signifié énergiquement leur volonté d'écouler leurs récoltes. Sur un sujet plus grave encore, le gouvernement des Grisons n'a pas craint de dénoncer l'indiscipline des mœurs qui menace toute la jeunesse, avec la complicité d'un public indifférent. Ces problèmes, et bien d'autres, ne se résoudront pas tout seuls. Il faut les penser et les vivre généreusement pour les résoudre sans violence.

Une nation doit trouver son âme, sinon son corps lui-même se désagrège, comme ces machines s'arrêtent quand l'homme refuse son consentement.

Le jeûne fédéral, qui est devenu un rite pharisaïque, vide de tout engagement, devrait être une prise de conscience lucide et courageuse de tout ce qui nous manque pour n'être pas trop indignes de la paix et de la liberté dont nous avons encore le privilège. *La Suisse cherche son âme* et c'est à chacun de nous qu'il appartient de la lui donner, en sortant de soi et en vivant comme sien le malaise des autres : avec la volonté d'y remédier comme s'il s'agissait de lui-même.

Septembre 1953

Il n'est plus temps de vivoter

LA MOITIÉ DU MONDE est déjà sous la domination du communisme soviétique ou chinois, dont la conférence de Genève a dû enregistrer une nouvelle victoire.

Nous continuons à vivre, en Suisse, comme si cette situation ne nous concernait pas. Que l'Angleterre, les États-Unis, la France s'efforcent de raccommoder la communauté européenne de défense, c'est leur affaire et non la nôtre. Les Russes sont à Vienne et à Berlin-Est. Nous considérons que c'est sans importance. Le danger peut exister pour les autres, il n'existe pas pour nous. S'il y a des martyrs de la foi chrétienne en Chine, il n'y en aura jamais chez nous.

Si nous sommes à ce point aveugles sur l'état du monde qui nous entoure, nous ne sommes pas beaucoup mieux informés de nos propres affaires. Il suffit de parcourir les statistiques des consultations électorales pour constater la désertion des urnes. On atteint rarement au 50 %. Plus de la moitié des électeurs se désintéressent de la chose publique sauf quand il s'agit d'obtenir les subventions de l'État.

Cela s'explique en partie par une transformation qui ne retient pas davantage notre attention. Nos villes s'accroissent tandis que notre pays s'industrialise de plus en plus. Nos populations se déplacent, des éléments étrangers à nos cantons s'y établissent qui sont indifférents à leurs traditions propres, tout en disposant du droit de vote comme confédérés. Il est naturel qu'ils n'y apportent pas beaucoup d'intérêt.

Sur le plan catholique, ces déplacements ont une incidence sérieuse. On trouve dans les fabriques d'horlogerie à Chaux-de-Fonds ou à Granges par exemple des Valaisans et plus encore des Valaisannes qui se trouvent soudain déracinés de leur milieu et que rien ne rattache plus à leur Église, alors que des sollicitations dangereuses les pressent de s'émanciper de toute discipline morale. Dans les grandes agglomérations, où l'on s'ignore mutuellement, où chacun fait ce qu'il veut, un nombre considérable de gens échappent à toute influence religieuse. On s'émerveille qu'il y ait plus de vingt paroisses catholiques à Zurich et l'on cite le chiffre de cent vingt mille catholiques, mais en réalité on ne peut compter que sur quarante mille pratiquants et les mariages y foisonnent qui n'ont pas reçu la bénédiction de l'Église. Un matérialisme diffus pénètre partout et le goût du confort – qui n'est pas un mal en soi – contribue à l'installer. On voit dans le Jura des jeunes couples qui se logent à tant de frais qu'ils doivent pratiquement renoncer à avoir des enfants. Les avortements pullulent dans certaines régions et sont devenus à Genève, par exemple, une spécialité quasi industrielle. Les enfants qui ont la chance de naître, dans les villes surtout, grandissent dans le bruit de la radio, où ils entendent n'importe quoi et où ils y puisent cette agitation prématurée qui les émancipe de tout respect et de toute discipline, sans que l'école, écrasée par des programmes absurdes, puisse leur offrir la possibilité de se connaître et de se conquérir.

Voilà quelques-uns des problèmes avec lesquels nous sommes confrontés.

Que font nos cercles pour les mettre en lumière et pour les résoudre ? Que font-ils pour secouer l'indifférence générale et amorcer une action efficace ?

Il me semble de la plus extrême urgence qu'ils contribuent à une prise de conscience vigoureuse et créatrice sur tous les points que je viens de signaler. Comment expliquer le triomphe du communisme, qui a conquis plus d'hommes en cinquante ans que le christianisme en deux mille ans ?

Que faire en face des migrations intérieures qui sont en train de miner la structure fédérale de la Suisse ? Comment réencadrer nos coreligionnaires venus de pays catholiques dans la diaspora où ils sont privés de tout appui traditionnel et tentés de s'assimiler à leur nouveau milieu par le plus facile et par le plus bas ?

Que pouvons-nous faire pour parer à la crise du logement là où elle existe, ou pour obtenir le réajustement des salaires modestes, si une enquête rigoureuse établit qu'avoir des enfants devient pour certains couples un luxe interdit ?

Quelle est notre position à l'égard de l'école et des programmes d'enseignement à tous les échelons, et, particulièrement, qu'avons-nous à attendre de la formation du corps enseignant dans les Écoles normales et dans les universités ?

Enfin quelle attention donnons-nous aux questions d'apprentissage et aux qualifications indispensables pour que les enfants, au sortir de l'école, ne soient pas condamnés à des emplois de manœuvres qui les vouent à un travail sans intérêt qu'ils sont tentés de fuir en recourant aux expédients qui font les clochards ou les bandits, en grossissant le triste cortège des mendiants qui viennent chaque jour sonner à la porte de nos presbytères ?

Que ferons-nous, enfin, pour que les loisirs, les compétitions sportives en particulier, qui deviennent des événements capitaux, ne se situent pas systématiquement en marge de l'Église, en n'oubliant pas d'ailleurs d'accorder un regard attentif aux programmes de cinéma, aux journaux et aux illustrés de toute nuance qui déterminent, par le texte ou par l'image, des attitudes et des choix dont nous ne saurions nous désintéresser ?

Veuillez m'excuser de vous présenter un tableau aussi austère de la situation qui conditionne notre action. Mais je suis sûr que vous serez d'accord avec moi pour refuser une consigne d'aveuglement.

Il n'est plus temps de vivoter. S'il y a encore une chance de gagner la course, c'est d'empoigner courageusement les problèmes qui nous assiègent et de mettre toute notre énergie à les résoudre. Sinon, nos cercles se réduiront à des cadres vermoulus qui n'intéresseront plus personne et nous passerons à côté de la vie dont le Christ a dit qu'il la voulait débordante.

Fin 1954

La prison de nous-même est ouverte

UN RELIGIEUX, déporté en Allemagne pendant la guerre, passa près de deux ans dans une étroite cellule : seul, sans visites, sans livres et sans nouvelles.

Il avouait qu'il n'y a pire supplice que ce perpétuel tête-à-tête avec soi-même. Sans y être condamnés, nous éprouvons tous l'effroi de la solitude. Et pourtant, ce que nous cherchons avant tout dans les autres, c'est l'estime et l'admiration de ce « moi » que, réduit à lui-même, nous ne pouvons supporter. Cela paraît fou. Il suffit cependant de s'examiner soi-même et d'observer les autres pour constater à quel point l'amour-propre domine l'humanité.

Et, après tout, si l'égoïsme mène le monde, il est assez naturel que nous préférions affirmer le nôtre plutôt que de céder à celui d'autrui. Mais nous tournons ainsi dans un cercle sans issue. À travers les autres, nous ne faisons que nous retrouver nous-même. Notre solitude, simplement camouflée, demeure ce qu'elle est : la prison qui nous asphyxie.

C'est de cette captivité que Jésus vient nous délivrer par le miracle d'une vie sans adhérence à soi et capable, par cela même, de nous révéler Dieu comme pure Générosité.

Nous le voyons naître dans le dénuement dont la crèche est le symbole. Mais cette pauvreté matérielle n'est rien comparativement à la pauvreté intérieure qui livre son humanité à Dieu et à nous. Perdue en Dieu qui la personnifie, en l'extinction radicale du « moi » possessif qui nous appesantit, sa nature humaine, en effet, ne peut plus témoigner que de la Divinité vers laquelle elle nous aimante par une permanente communication. Elle n'a rien à soi, puisque son « moi » est l'Autre divin qui la vêt tout entière de l'Amour qu'il est. Elle est ainsi constituée comme le don infini de l'homme à Dieu et de Dieu à l'homme, qui nous fait graviter, si nous nous y prêtons, en l'éternelle Charité.

La prison de nous-même est ouverte, enfin, en celui qui est la Voie vers notre humanité véritable, le Chemin vivant de notre liberté. Nous ne tournons plus dans la cage de notre solitude. Enracinée en celle de Dieu, notre intimité devient, par Jésus, l'espace infini où l'existence est lumière autant qu'elle est amour, puisque désormais, en nous comme en Lui, « je est un Autre ».

Janvier 1955

Le retour du Christ

On se félicitait le premier janvier de vivre, enfin, sur une planète sans guerre. Le mois n'était pas achevé que déjà la paix était compromise en Amérique centrale, tandis que rebondissait la redoutable question de Formose, qui remet en présence la Chine et les États-Unis. Nous allons assister, on a tout lieu de le craindre, à un dialogue de sourds de grande envergure, où chacun des partenaires articulera, contre l'autre, les mêmes griefs massifs d'une innocence parfaite contre une totale culpabilité.

Et nous pourrons constater, une fois de plus, que *personne*, dans ces joutes internationales si chargées de péril, ne représente *l'humanité*, que *personne* ne plaide la cause de ces valeurs communes capables d'intéresser et d'émouvoir toute conscience humaine. *Personne* ne parle et n'est autorisé à parler purement et simplement au *nom de l'homme*. Seul le pourrait un être tellement détaché de tout intérêt particulier que chacun reconnaîtrait, dans sa parole, une voix intérieure à lui-même. Ce qui veut dire que pour parler avec autorité au nom de l'homme, il faudrait *être* l'homme, avec une ampleur, une universalité, une générosité qui effacent toute différence de race et de classe, en faisant tomber tous les murs de séparation.

Mais n'est-ce pas uniquement le cas de Celui qui pouvait dire, en s'identifiant avec tout homme : « Ce que vous aurez fait au plus petit d'entre mes frères, c'est à moi que vous l'aurez fait. »

En vérité, c'est lui que notre époque, sans le savoir, réclame, espère et attend ; lui qui s'appelait de ce nom singulier qui embrasse toute l'humanité ; le Fils de l'homme. Jamais n'a jailli de l'histoire, avec une telle urgence, l'appel de tous au *retour du Christ*.

Le Christ, assurément, n'a pas cessé d'être présent. C'est nous qui n'avons pas suffisamment affirmé et fait rayonner sa présence.

Le carême nous invite à le laisser vivre en nous en nous rendant disponibles aux sollicitations de son amour. La question de Formose, qui symbolise l'impossible unité des hommes en dehors de Lui, ne se résoudra pacifiquement que par notre retour à Lui. À chacun de nous de décider s'il veut vraiment la paix et s'il est résolu à en payer le prix qui est lui-même dans l'offrande de tout son être au Christ en qui tous sont un.

Mars 1955

Nos frères hongrois

LE MARTYRE de la Hongrie nous a rendu l'honneur. Les survivants de cette prodigieuse insurrection doivent payer pour les morts que la vengeance ne peut plus atteindre.

Le monde libre, qui n'a pas su prévenir leur écrasement, doit tout au moins les empêcher de périr. La peur d'une guerre mondiale peut expliquer la timidité des États occidentaux.

L'abandon des victimes serait un crime que rien ne pourrait excuser. Qu'avons-nous fait pour la Hongrie, que pouvons-nous faire encore ? Que chacun de nous se pose la question.

Il y a un siècle, à Paris, quand Mgr Mermillod quêtait à Sainte-Clotilde en faveur de l'Irlande affamée, un ouvrier mit sa montre dans le plateau en disant : « On n'a pas besoin de savoir l'heure quand un peuple meurt de faim. »

Scrutons dans cet esprit toutes nos possibilités d'action pour vêtir, nourrir, loger et accueillir les martyrs de la liberté, en offrant notre concours aux organismes qui centralisent les secours et en essayant de vivre à la hauteur de l'idéal humain pour lequel un peuple de héros a engagé et sacrifié tous ses biens.

Décembre 1956

La guerre ou la paix?

GANDHI APPRIT un jour qu'un élève de l'école établie par lui à l'ermitage de Sâbarmati avait menti pour se tirer d'affaire dans une circonstance où il avait manqué de courage. Le libérateur de l'Inde en éprouva un tel chagrin qu'il décida de jeûner pour prendre sur lui la faute de l'enfant. Aucune punition n'aurait pu obtenir l'effet que produisit sur le coupable cette substitution où un amour d'une si haute qualité faisait contrepoids à sa propre lâcheté.

Un tel exemple, dont on sait qu'il n'est pas exceptionnel dans la vie du grand chef hindou, nous introduit opportunément dans l'esprit du carême en nous rendant sensible cette solidarité de chacun avec toute conscience humaine qu'Élisabeth Leseur exprimait dans ce mot admirable : « Toute âme qui s'élève élève le monde. »

Qui ignore que l'homme possède, aujourd'hui, un pouvoir infini de détruire que l'on n'a pas encore trouvé le moyen de freiner. Car la science, comme disait Henri Poincaré, parle à l'indicatif et non à l'impératif. Elle nous confère de prodigieuses possibilités, mais elle ne nous prescrit pas l'usage que nous en devons faire. Il suffit d'un moment de passion, dans un camp ou dans l'autre, pour déchaîner une guerre atomique où nous sommes tous menacés. Il n'a donc jamais été plus nécessaire d'exercer sur les hommes et les événements cette *pression d'amour* qui peut seule prévenir la folie d'une décision qui précipiterait le monde dans une catastrophe dont l'ampleur dépasse toute imagination.

Et bien sûr le jeûne – dont l'obligation a été pratiquement abolie – reste un moyen efficace et peut-être, dans certains cas, nécessaire. Mais ce n'est pas le seul. Ce qui importe, c'est que le carême provoque en nous une vigoureuse prise de conscience de notre responsabilité personnelle dans le tragique débat qui engage l'avenir du monde et que cette prise de conscience se traduise, immédiatement, dans une générosité qui modifie toute notre attitude envers les autres, en introduisant dans nos rapports avec eux ce contrepoids d'amour qui prévient ou répare la faute, empêche les conflits et répand la paix et la joie.

Nous avons plus que personne à exercer cette pression pacifique, en nous consacrant de toutes nos forces au bonheur des autres, puisque l'écrasement des hommes est pour nous, d'abord, l'écrasement de Dieu. Car ce qui rend la personne humaine inviolable et sacrée, c'est qu'un *trésor infini* lui est confié, qui n'est pas moins que la vie de Dieu, mystérieusement engagé dans notre histoire: jusqu'à la mort de la Croix, qui est le plus déchirant appel à notre générosité comme elle est la suprême mesure de notre liberté.

Février 1957

Missionnaires de la paix

LES JOURNAUX ne cessent de nous donner des précisions sur les progrès des armes nucléaires, en soulignant que la décision qui met en question la vie de toute la planète appartient aux deux blocs, en face desquels nous ne comptons pour rien. Il semble donc inévitable que l'on dispose de nous sans nous consulter et que nous n'ayons rien d'autre à faire qu'à continuer notre petite vie, en attendant le bon plaisir des véritables détenteurs de la puissance atomique.

Gandhi, désarmé et opposé à toute violence comme à toute inimitié, peut, à ce tournant si grave de l'histoire humaine, nous disposer à entendre une autre leçon. Pour assurer la libération de son peuple, il lui a d'abord demandé de se rendre digne de la liberté. Il était convaincu, en effet, que celle-ci, ayant d'abord mûri dans les âmes, obtiendrait infailliblement son droit dans la cité. C'est de cette manière que la question de la paix se pose pour nous. Nous ne pouvons prétendre à aucune influence sur les grands débats internationaux, mais nous pouvons créer en nous l'état d'esprit qui rendra la paix possible, souhaitable et nécessaire. L'action même de Gandhi prouve l'énorme retentissement, sur le plan temporel, d'une vie spirituelle qui vise toujours à l'authenticité. Or, il dépend de nous d'affirmer d'abord en nous les valeurs impérissables, dont l'absence serait un plus grand péril pour l'humanité que la guerre même qu'il s'agit de prévenir.

Un mot de Graham Greene, dans *La Puissance et la Gloire* nous rend admirablement sensible le trésor dont nous avons la charge : « Aimer Dieu, c'est vouloir le protéger contre nous-mêmes. » Et Gandhi lui-même parle de cette « petite voix » qu'il s'applique à écouter et que perçoit seule l'âme qui ne l'étouffe pas de son bruit. C'est la prise de conscience de cette présence infiniment précieuse, fragile et menacée, au cœur de l'homme, qui nous réveillera de notre torpeur pour engager toute notre vie au service de la paix.

Cette action pacifique comporte, en bref, un double effort : nous mettre en toutes circonstances à la place des autres pour les comprendre et les convaincre à partir de ce qu'ils sont et de ce qu'ils aiment, en évitant de les braquer et de les blesser par la plus légère indiscrétion ; nous unir aux autres pour former une chaîne de bonnes volontés, capable d'endiguer et de maîtriser toute violence.

Le spectacle que nous a offert le rassemblement mondial de la jeunesse ouvrière chrétienne nous a donné le sentiment très vif de la puissance qui se dégage des vies le plus étroitement rivées au souci du pain quotidien, quand elles mettent en commun la foi et la générosité qui sont la force et la noblesse de chacune.

C'est en nous inspirant de cette expérience et en y participant chacun dans son milieu, et selon ses moyens, que nous accomplirons cette mission de paix qui est consubstantielle à notre vocation d'homme et de chrétien.

Octobre 1957

Éterniser l'instant

DANS TOUTE CATASTROPHE, ce qui nous émeut le plus profondément, c'est moins la mort des victimes que la soudaineté avec laquelle elles ont été jetées dans un état *définitif* au milieu des occupations banales de leur vie quotidienne dont elles prévoyaient la séquence habituelle : « Nous irons au cinéma et, *après*, au café du Commerce, puis demain, nous rejoindrons des amis. » Et il n'y a pas eu d'*après*. L'après a été cadavres que l'on a eu tant de peine à retrouver et à identifier. C'est cette rupture qui nous bouleverse, cet arrachement brutal, cette absence de logique, si l'on peut dire, dans le rapport de cette issue fatale avec l'emploi du temps qui l'a immédiatement précédée. La mort n'a pu mûrir comme un événement vers lequel on s'achemine, en se détachant peu à peu des engagements dont on sait que les jours sont comptés. La mort s'est trouvée là, sans être attendue, et ce sont les mêmes gens qui allaient au cinéma ou au café du Commerce qui le même soir étaient couchés, à la morgue, ou sur une place, dans cet alignement solennel dont le spectacle nous déchire.

Et leur destin est si semblable au nôtre, et leur vie si pareille à la nôtre, que nous ne pouvons nous empêcher de nous mettre à leur place et de nous dire : s'ils avaient su, s'ils avaient pu prévoir que ce serait ce soir-là, comment auraient-ils vécu la journée qui devait se terminer dans ce désastre, et le jour d'avant, et le mois précédent et l'année qui devait être la dernière ?

Est-ce à dire qu'il faut essayer d'imaginer une catastrophe et, pour bien vivre, ne pas cesser de regarder la mort ? Aucunement. La seule leçon à retenir, c'est de ne pas compter sur cet après qui n'arrivera jamais que sous la forme d'un maintenant, que nous laisserons de nouveau passer en attendant un nouvel après, si nous ne nous décidons pas à *éterniser l'instant.*

Ce qui est redoutable, en effet, ce n'est pas de mourir, mais de ne pas vivre, de *dévaloriser* la vie en s'occupant à des riens et d'être surpris par la mort avant d'avoir accompli quoi que ce soit.

L'éternité à laquelle l'Évangile veut nous conduire, aussi bien, n'est pas quelque chose qui se situe après la mort et qui nous tombera dessus quand nous aurons rendu le dernier soupir. L'éternité, c'est ce que nous avons à devenir dans « le bel aujourd'hui de Dieu », pour vaincre la mort en en faisant encore un acte de vie.

Si nous vivons chaque seconde en plénitude en nous y offrant tout entiers, comme Jésus à Nazareth, comme Thérèse à Lisieux, nous n'aurons pas à craindre et à éprouver cette opposition déchirante entre la vie et la mort qui nous les fait manquer toutes les deux. La grandeur du christianisme, c'est justement d'attribuer au moindre geste une valeur infinie comme au travail du charpentier dont le Seigneur s'est contenté, pourvu qu'il s'accomplisse sous le regard de Dieu et dans son Amour. Et la mort n'a plus rien de terrible quand la vie n'a pas cessé d'être une rencontre avec Dieu.

Si nous pouvions franchir avec cette conviction le seuil de la nouvelle année, elle serait vraiment neuve, puisque nous nous attacherions de toutes nos forces à valoriser la vie, à lui donner toute sa grandeur et toute sa beauté, en éternisant l'instant.

Janvier 1960

Élisabeth Leseur et Karl Marx

LE MARXISME est une « religion » dans la mesure où il prétend donner une réponse totale et définitive au problème de l'homme. C'est là que réside son plus grand pouvoir de séduction. Son « dogme » tient tout entier dans la divinité de l'homme, comme sa morale, réduite à son essence, exige le sacrifice total de chacun à l'humanité. Ce n'est pas un programme vulgaire et on aurait tort de le sous-estimer. Il a suscité la création d'un formidable empire, en provoquant parfois les plus héroïques renoncements. C'est pourquoi il importe de l'aborder avec respect et de cerner son erreur sans méconnaître la grandeur et la noblesse de ses intentions.

C'est, nous semble-t-il, en soulignant le trait le plus frappant de l'activité spirituelle et du rayonnement dont elle est le foyer que l'on perçoit le mieux le gauchissement qui induit inconsciemment les marxistes à trahir l'idéal dont ils se réclament.

Un exemple très simple fera comprendre notre pensée. Un maître exerce une influence d'autant plus profonde sur ses élèves qu'il domine mieux la discipline qu'il est chargé d'enseigner. Il faut qu'il ait assimilé personnellement, qu'il *soit devenu* la science qu'il entend leur communiquer, pour en susciter en eux la lumière et la joie. Il ne peut les éclairer et les enthousiasmer, en d'autres termes, qu'en vivant d'abord en plénitude *dans sa propre intimité* la vérité qui doit enrichir la leur. Les biens de l'esprit comportent tous cette exigence. Il faut qu'ils mûrissent dans *la solitude* la plus recueillie d'une conscience pour allumer la flamme qui les fera vivre en d'autres consciences, capables à leur tour de les propager, sous la même condition de s'identifier avec eux.

Cela revient à dire que les biens de l'esprit, qui fondent la culture et confèrent à notre existence une dimension humaine, sont, à la fois et indivisiblement, personnels et universels. Ils se réalisent toujours en *quelqu'un* qui leur doit et leur donne son visage, en les thésaurisant dans le dialogue silencieux qui fait de sa vie intérieure un véritable bien commun. Mais, justement, *le marxisme ignore la solitude* et les valeurs qu'elle est seule capable de fournir. Il ne comprend pas que la communauté *humaine* est avant tout un échange de solitudes qui gravitent autour *d'un même Centre* intérieur à chacune et en lequel elles communient en s'enrichissant mutuellement de la lumière qu'elles y puisent. C'est pourquoi, finalement, la divinité de l'homme qu'il se propose d'instaurer ne réside en aucun individu réel et vivant, mais dans une humanité abstraite et impersonnelle, à laquelle chacun peut être sacrifié si les détenteurs du pouvoir estiment que le sens de l'histoire exige son immolation.

Dans la petite phrase qui résume toute sa vie : *« Toute âme qui s'élève élève le monde »*, Élisabeth Leseur nous rend merveilleusement sensible la double articulation de la sociologie dont le *corps mystique* est la plus haute expression. Elle nous rappelle à la fois, en effet, que toute grâce est une mission, que toute vie authentique est nécessairement communautaire, et que cette communication s'enracine dans la solitude : comme le rayonnement de notre intimité avec Dieu, qui est, tout ensemble, le suprême bien commun de tous et le secret le plus personnel de chacun.

Rencontrer Dieu, dans la lumière qui respire dans son *Journal*, aussi bien, c'est atteindre à son vrai « moi » en étant libéré des servitudes individuelles et collectives qui font de nous un morceau de quelque chose, un fragment et un instant de l'univers. C'est donc aussi, avec une puissance d'accueil illimitée, devenir avec Lui source et origine d'un monde nouveau offert à vous, dont l'amour est le pivot. Et c'est, du même coup, donner un sens et une réalité à cette dignité humaine qui exige que l'on respecte, en chacun, le créateur possible des valeurs qui le distinguent des objets et interdisent de le traiter comme une chose : pour cette raison, justement, que l'axe du monde que nous avons à construire passe par le cœur de chacun.

Mais qui croira que la solitude de chacun contient et réalise le suprême bien de tous, si une lutte acharnée contre toute misère ne s'attache pas à protéger en chacun l'espace intérieur qu'il est appelé à devenir ?

« Toute âme qui s'élève élève le monde. » Rien n'est plus vrai, mais cela implique d'abord qu'elle a pris réellement le monde en charge.

Juillet-août 1960

Le sacre de la vie

LE PROBLÈME du logement dans les agglomérations urbaines a fourni le thème exclusif de la lettre pastorale des évêques suisses à l'occasion du *Jeûne fédéral.* C'est là un événement considérable. On s'attend d'ordinaire à un rappel de principes dans la ligne prudente d'une théologie abstraite. On se sent cette fois, par bonheur, en prise sur le réel par le conditionnement formellement affirmé du spirituel par le temporel.

« Comment voulez-vous que je médite et que je prie », me disait une femme pauvre, « devant mes marmites vides avec cinq enfants à nourrir ? » C'est ce que nous disent équivalemment nos évêques : « Comment voulez-vous qu'il y ait une vie familiale saine et heureuse dans un logis précaire et sans espace ou trop coûteux pour n'être pas une charge intolérable, comment voulez-vous que le travailleur ait du cœur à l'ouvrage si un taudis infect empoisonne son repos et son sommeil ? »

Ces simples questions amorcent toute une sociologie. Ce sont les besoins matériels qui nouent les rapports économiques où l'individu, s'il veut subsister, est contraint de s'insérer. Tout le problème est de savoir s'il n'est rien de plus qu'une machine à entretenir, un ventre dont il s'agit simplement de tromper la faim.

Non, répondent vigoureusement nos évêques, la dignité humaine doit commander ces rapports et les conformer à ses exigences. Cela veut dire qu'une économie saine devrait avoir pour fin première l'établissement d'« un écart de lumière » entre l'homme et ses besoins, qu'elle devrait se proposer, avant tout, de les satisfaire si pleinement *en chacun* qu'il n'ait plus à y songer.

Comment aimer la vie, aussi bien, dans une existence écrasée sous le poids des nécessités physiques, comment jouir de la nature si elle apparaît comme un rouleau compresseur, comment croire à une Providence maternelle si l'on est constamment étranglé par l'angoisse d'une misère sans issue ? Peut-on attendre d'un homme qu'il devienne un *espace de générosité*, un bien commun, une valeur universelle, une source, une origine, un créateur, si le régime de la production ne vise pas explicitement à lui fournir *l'espace de sécurité* sans lequel il lui est pratiquement impossible de prendre conscience de sa liberté et de l'univers intérieur dont elle contient l'exigence et la possibilité ?

Le plus troublant paradoxe est, justement, que l'économie du « monde libre » n'est pas axée sur la liberté, sur la libération du besoin, sur la dignité humaine dont il se prétend, pourtant, et se croit le champion.

Le message de nos évêques dénonce implicitement cette énorme et périlleuse contradiction. Il nous rappelle l'impossibilité d'un divorce entre les structures matérielles et les exigences de l'esprit, entre l'affranchissement des besoins et la liberté intérieure. La vie, en effet, ne peut être sacrée dans un secteur et piétinée dans un autre. Placé dans des conditions inhumaines et traité comme une chose, un homme renoncera, presque fatalement, à affirmer dans sa conduite privée sa dignité de personne, qui n'est pas reconnue par les autres et qui, de toute manière, ne peut s'épanouir dans un taudis, où vie privée signifie seulement vie de privations. S'il éprouve encore le sens de sa dignité, ce sera dans la haine de ceux qui la méconnaissent. Ce qui ne fera qu'aggraver son fardeau.

C'est ce désastre qu'entend prévenir, que vise à rendre impossible, l'appel de nos évêques. Il dépasse, on le voit, son objet immédiat. Il réclame, en réalité, l'humanisation des rapports économiques et il nous oblige à conclure que, pour satisfaire vraiment aux besoins de l'homme, il faut l'en *libérer* en créant autour de lui l'espace de sécurité où sa dignité respire.

La religion trouve ici son point d'insertion le plus concret. Elle est en prise sur le réel dans la mesure où elle s'applique, à travers nous, à desserrer l'étau de la mécanique sociale dont l'homme est si souvent la victime ou l'esclave : dans la mesure, autrement dit, où elle concourt effectivement à la promotion et au sacre de la vie.

Octobre-novembre 1961

L'appel aux chrétiens de J. F. Kennedy

NOUS AVONS tous éprouvé la mort tragique du président Kennedy comme un événement qui nous concerne. Nous avons découvert soudainement qu'il dialoguait en notre nom et qu'il exerçait en face de M. Khrouchtchev et avec lui une fonction planétaire. Nous avons pris conscience de ses incommensurables responsabilités, mais aussi de notre incroyable démission. Car, enfin, nous avons continué à vivre à l'échelle de notre petite vie locale, alors que le sort de l'humanité se jouait entre deux hommes : comme si quelque deux milliards d'autres – dont nous sommes – n'avaient qu'à attendre passivement qu'ils décident de la vie ou de la mort du genre humain.

L'irréparable ne s'est heureusement pas accompli, mais nous n'y sommes pour rien. Notre présence a manqué à ce duo, unique dans l'histoire, où un immense courant d'opinion aurait pu orienter ces deux hommes vers une paix fondée sur autre chose que cette « force de dissuasion », dont la moindre imprudence pourrait susciter la déflagration.

Par bonheur, le réalisme du jeune président des États-Unis n'était pas moindre que celui de son partenaire. Ferme et souple à la fois, John Kennedy a vite compris ce qu'il pouvait abandonner sans trahir, et ce qu'il devait exiger sans rompre un contact qui a finalement abouti à l'estime réciproque des deux interlocuteurs.

Réaliste, c'est bien là le trait le plus marquant de ce visage, presque adolescent, qui cachait une si étonnante maturité politique. Réaliste, mais si supérieurement intelligent qu'il percevait les exigences « idéalistes » qui peuvent mener les hommes au combat, quand elles ne trouvent pas d'autre moyen de s'affirmer.

« La force mondiale la plus puissante aujourd'hui », déclarait-il en 1957, « n'est pas le communisme ni le capitalisme pas plus que la bombe H ou le missile téléguidé : c'est l'éternelle aspiration de l'homme vers la liberté et l'indépendance. » C'est pourquoi il formulait le vœu, en entrant à la Maison-Blanche : « Que les deux côtés s'unissent pour invoquer les merveilles de la science au lieu de ses terreurs. »

Il avait nettement conscience, en effet, que le plus terrible explosif est le ressentiment – chez l'homme ou chez un peuple – d'une dignité blessée ou systématiquement méconnue.

C'est ce qui détermina sa très ferme et très courageuse attitude antiségrégationniste, à l'intérieur, comme l'intérêt très attentif qu'il portait aux peuples en voie de développement, dont il voulait éviter – autant qu'il était en son pouvoir – de faire « des nations prolétaires » dressées à bon droit contre un Occident usurpateur.

Il n'a pas pu, évidemment, donner toute sa mesure dans ces trente-quatre mois de gouvernement effectif, où il a pourtant montré avec quelle promptitude il saisissait la leçon des événements. Mais il a tracé, avec puissance et grandeur, les coordonnées d'une action réaliste, ferme, souple, intelligente et soucieuse, avant tout, des exigences humaines qui sont, fondamentalement, les mêmes partout.

C'est là que sa foi chrétienne a pu jouer un rôle que, faute de données précises, il nous est impossible d'apprécier. Ce que nous pouvons dire, à son honneur, cependant, c'est qu'elle a été exemplairement discrète et que son appartenance confessionnelle ne l'a jamais entraîné à aucune discrimination. Discrète mais engagée à fond au service des hommes : « L'œuvre de Dieu passe par nos mains », disait-il magnifiquement dans son discours d'installation.

C'est ce que nous voulons retenir, dans ce service d'intercession pour John Fitzgerald Kennedy, comme la leçon la plus opportune de cette mort tragique et de cette vie à tant d'égards créatrice, je veux dire : que notre christianisme doit devenir planétaire – comme il l'est par essence –, réellement engagé, présent au monde entier et actif partout où un être humain peut avoir besoin de nous.

« Le différence de Dieu », écrit le grand Fénelon, « c'est de n'en avoir point. » Toute conscience humaine est ou peut devenir son sanctuaire. On ne saurait donc mieux l'honorer qu'en rendant pleinement justice à la dignité de chacune.

Décembre 1963

L'Évangile de liberté

« JE », « MOI » : CE DONT nous parlons le plus, ce que nous connaissons le moins.

Suivez un match international. Soixante mille personnes. Deux camps dont chacun veut le triomphe de ses couleurs. À mesure que le jeu se déroule, la passion monte, les spectateurs délirent d'enthousiasme ou de fureur selon le succès ou l'échec de leurs nationaux. Si la compétition tourne trop mal pour l'un des partis, l'arbitre est sifflé et les bouteilles commencent à pleuvoir sur le terrain. Une vraie bagarre peut s'ensuivre dans une explosion de haine où les visages expriment, comme ils le font si souvent, l'absence de l'homme à lui-même.

C'est qu'en réalité rien n'est plus difficile que d'être réellement présent à soi. La plupart du temps, nous nous laissons manœuvrer par nos convoitises, nos passions, nos préjugés. Ce n'est pas nous qui tenons le gouvernail, ce sont nos instincts, individuels ou collectifs, qui disent « je » et « moi » à travers la complicité que nous prêtons à leurs impulsions. Et il en va toujours ainsi, tant que nous subissons l'être préfabriqué que nous tenons de notre naissance charnelle et de notre histoire infantile.

Notre vrai «moi» est en sursis, en avant de nous, comme une conquête à faire. Pour qu'il surgisse, en effet, avec la dignité inviolable qui convient à une personne, il nous faut établir entre nous-même et nous-même une distance infinie qui nous rende libre en face de nous-même. C'est en cela, on ne saurait trop le redire, que consiste la vraie liberté : dans cette désappropriation radicale où l'on ne prend plus le parti de soi, parce qu'on a pris racine en un Autre plus intime à soi que soi. Toute la valeur humaine est contenue dans cet espace intérieur, illimité, qu'engendre la transformation de notre «moi» possessif en un «moi» oblatif, constitué par une pure relation à la Présence à laquelle il est offert.

C'est ainsi que Dieu entre silencieusement dans notre vie : comme le ferment de notre libération, comme la respiration de notre intimité et comme le sacre de notre dignité.

Toutes les révélations authentiques s'ordonnent et aboutissent finalement à cet évangile vivant que nous devenons, en naissant à nous-même dans la rencontre avec le Dieu caché en nous qui est le seul chemin vers nous.

Cela nous amène à entrevoir que l'Évangile de Jésus-Christ est moins le livre – aussi vénérable qu'il soit – qui raconte sa vie et rapporte ses paroles, que la personne même du Seigneur, dont l'humanité diaphane n'a d'autre lien avec soi que la relation subsistante qui fait du Fils une éternelle offrande au Père. Infiniment libre de soi, parce qu'elle est infiniment désappropriée de soi, l'humanité de Jésus ne peut, en effet, nous atteindre sans nous libérer de nous-même, dans la mesure, tout au moins, où nous acceptons de nous identifier avec elle. Sous cet aspect, l'Évangile qu'Il est constitue vraiment la plus haute révélation de Dieu dans le suprême accomplissement de notre liberté.

C'est par là qu'il est toujours infiniment actuel et éternellement nouveau.

Novembre 1967

Le prix de l'homme

ALLER VERS L'HOMME constitue aujourd'hui une consigne qui rallie les suffrages de nombreux chrétiens qui pensent, avec raison, qu'une foi qui n'assume pas le destin concret des hommes – tous leurs besoins, toutes leurs souffrances et toutes leurs aspirations – est la plus scandaleuse négation de l'Évangile.

À quoi sert, inclinent-ils à penser, de raffiner sur les croyances, quand la faim, la guerre, la discrimination des classes et des races torturent plus de deux milliards d'êtres humains ? N'est-il pas grand temps que les Églises renoncent à leurs querelles dogmatiques et fournissent la preuve de leur efficacité, en conjuguant *d'abord* tous leurs efforts pour le salut temporel de l'homme, puisque, de toute manière, le refus des conditions matérielles inhumaines qui sont le lot du grand nombre représente l'exigence première de toute spiritualité authentique ?

Première dans l'ordre d'exécution ? Assurément : la misère ne peut attendre. Première dans l'ordre d'intention ? C'est un tout autre problème. Car les secours dus, par ceux qui ont à ceux qui n'ont pas, impliquent une dette absolue à l'égard de la dignité humaine, perçue comme *égale* chez les seconds par les premiers.

Cette considération commande la finalité de tous les efforts qui doivent être entrepris pour aider sans blesser et comporte, inévitablement, une certaine conception de la *valeur* qui rend sacré, comme dit Rostand, le protoplasme humain.

Il n'est donc pas indifférent, pour le bien même des hommes, d'admettre que le Christ estime leur vie au prix de la sienne. Sans doute, un chrétien n'a pas à imposer aux autres ses vues sur la rédemption, mais il n'y peut puiser qu'un motif suprême de faire cesser un scandale qui rejaillit sur Dieu, dont l'homme est le sanctuaire.

Plus profondément encore, il y percevra l'exigence de respecter en lui-même cette dignité inviolable qu'il doit reconnaître en autrui. Ce don de soi, sur le plan le plus intime, peut seul assurer l'intégrité d'une action qui doit viser l'humain dans l'homme. Cela revient à dire que chacun est appelé à payer en lui-même *le prix de l'homme* : dans la mesure même où il entend se mettre authentiquement au service de ses semblables.

Sous cet aspect, « la promotion de l'homme et l'adoration de Dieu », bien loin de s'opposer, ne sont qu'un seul et même mouvement.

Mai 1969

L'unique chance de la liberté

ESSAYEZ DE VOUS POSER cette question ! « Qui suis-je ? » Vous verrez qu'elle est pratiquement insoluble, que votre identité vous échappe, que ce « je-moi » dans lequel nous sommes tous installés est quelque chose de préfabriqué dont nous ne sommes pas les auteurs, quelque chose qui est en nous mais qui n'est pas de nous, quelque chose, enfin, que nous subissons et qui nous emprisonne en d'intolérables limites.

Nous sommes habituellement si peu conscients de cette situation que nous nous acharnons à la maintenir, en nous faisant les gardiens farouches de cette prison par le refus indigné que nous opposons à toute mise en question de nous-mêmes.

Les jugements que nous portons, les décisions que nous prenons, les sentiments que nous éprouvons, dès qu'un événement ou une opinion flatte ou blesse ce « je-moi » (individuel ou collectif), s'enracinent en des options passionnelles qui rendent impossible tout dialogue authentique, en entraînant chacun à se convaincre qu'il a raison, dût-il tuer les autres pour s'affirmer.

Comment sortir de là, comment n'être pas accroché à soi, puisqu'il faut bien cohabiter avec soi et que l'on ne voit pas comment on pourrait exister encore en cessant d'être soi ? C'est pourquoi tous les discours sur la liberté n'ont aucun sens si nous sommes irrémédiablement esclaves intérieurement, si nous devons subir, sans pouvoir jamais nous en affranchir, cet être préfabriqué que nous n'avons aucunement choisi.

Le fait qu'il soit possible de prendre conscience de cet esclavage interne et de le ressentir comme tel permet, cependant, de présumer qu'il doit pouvoir être surmonté.

Suffit-il de remplacer « je » par « nous » et de dire : prenons les autres en charge et nous cesserons d'éprouver le poids de nous-même ? Non, car les autres subissent la même servitude interne que moi. Ce « nous » risque donc fort de se réduire à une collection de « je » préfabriqués qui s'oppose massivement à une autre collection de « je » également prisonniers de leurs limites.

Il n'y a pas d'issue de ce côté, à moins de rencontrer, *en plus que nous-mêmes* dans les autres comme en moi, une Valeur identique en eux et en moi qui nous soulève tous dans une commune respiration d'amour.

C'est ce qui constitue précisément l'expérience de Dieu : comme l'unique libération possible de nous-même dans l'espace infini que sa Présence suscite en nous.

Cette expérience libératrice prend un relief incomparable dans l'Évangile de Jésus-Christ et c'est justement ce qui fait de son message, d'ailleurs inséparable de sa Personne, la réponse toujours actuelle au problème que nous sommes.

Jésus, en effet, nous révèle Dieu comme une éternelle communion d'amour, où «Je est un autre» dans les relations trinitaires qui rapportent chaque Personne aux deux Autres. Dieu ne subit pas son être: il le donne, en se l'appropriant uniquement par la totale communication d'une réciprocité consubstantielle. C'est dire que Dieu est infiniment libre de soi.

C'est pourquoi il ne peut être en nous que la source et le ferment de notre propre libération.

S'il ne nous apparaît pas comme tel, c'est que nous croyons pouvoir concilier notre foi en lui avec la propriété de nous-même, ce qui a pour conséquence que nous projetons sur lui les limites dans lesquelles nous nous enfermons, en les justifiant au nom de l'idole en laquelle nous le transformons.

Jésus n'a pas cessé de combattre cette imposture dont il est l'implacable négation: parce que son humanité subsiste en la Liberté divine dans la Personnalité du Verbe qui lui communique son infini dépouillement, en l'assumant tout entière dans la relation éternelle qui rapporte totalement le Fils au Père et en l'habilitant, par là même, à nous libérer de nous-mêmes dans le «Moi» divin qui la couronne, en la désappropriant radicalement de soi.

Je tiens pour certain que nous n'aurions jamais pu poser adéquatement le problème de notre liberté comme libération de notre «moi» dans une offrande d'amour, sans la révélation de cette Liberté divine qui s'incarne et se communique pleinement en Jésus.

C'est sous cet aspect que j'éprouve le plus vivement la naissance de Jésus comme la charnière de l'histoire, comme le commencement d'une ère entièrement nouvelle qui est l'ère de la vraie liberté.

1970

La naissance de notre liberté

On parle sans cesse de liberté. Tous les régimes politiques prétendent la garantir et tous les contestataires se réclament d'elle pour renverser l'ordre établi. Mais qui est capable de la définir, de dire en quoi elle consiste ? Pouvoir faire tout ce qu'on veut, sans subir aucune contrainte, c'est l'idéal que s'en font ceux qu'offense toute espèce de discipline.

Mais qui pourrait subsister, dans n'importe quelle forme de société, si chacun revendiquait le droit de ne faire que ce qui lui plaît ?

Faut-il admettre, dès lors, que toute vie sociale impose nécessairement une limite à la liberté et que celle-ci doit se contenter de la part qui échappe aux exigences collectives, dont la primauté ne saurait être mise en question ?

À moins que le problème ne soit mal posé. Et il l'est, en effet, car notre liberté, loin d'être le nœud anonyme d'impulsions anarchiques, implique essentiellement le respect de nous-même, dans le choix que nous avons à faire de nous-même pour assurer la transparence et la virginité de notre action.

C'est précisément sous cet aspect que l'Évangile nous saisit, en nous appelant à naître de nouveau. Nulle sollicitation ne peut nous toucher davantage, car, s'il est vrai que nous ne sommes pour rien dans notre naissance charnelle, nous ne pourrons jamais considérer comme nôtre l'existence qu'elle nous impose, tant que nous nous bornerons à la subir.

Mais comment ne pas la subir, comment faire de nous une Valeur qui émane réellement de nous et qui entraîne notre respect et celui d'autrui ?

Jésus nous propose le modèle dont il vit. C'est la Trinité divine, où Dieu n'a prise sur son être qu'en le communiquant, où la personnalité se constitue par une pure relation à l'autre, où le « moi », le rapport à soi, est totale offrande de soi : du Père au Fils et du Fils au Père dans la respiration aimante de l'Esprit Saint. Dieu se révèle ainsi comme une éternelle communion d'Amour dans une liberté absolue à l'égard de Soi. Il ne se joint lui-même qu'en se donnant sans réserve, dans la transparence virginale d'un radical dépouillement.

C'est ce que nous avions besoin d'apprendre : la vraie liberté est libération de soi. Celui qui veut se posséder s'enfermera dans un narcissisme stérile, il subira son être préfabriqué et il s'écorchera à ses limites. Le seul chemin vers soi est le don de soi, la seule grandeur est l'amour.

C'est celle de Dieu qui vient à nous en Jésus et qui vit en nous comme le ferment de notre libération.

C'est par là que Noël nous touche avec une suprême actualité, comme le seul espoir d'une authentique liberté.

Décembre 1971

Pouvoir être

« CELUI-LÀ n'est-il pas le charpentier, le fils de Marie ? » disent les gens de Nazareth, quand Jésus commence à parler, un jour de sabbat, dans leur synagogue. À quel titre se mêle-t-il de les enseigner, lui qu'ils ne connaissent précisément qu'en sa qualité d'artisan ?

La même question se pose aujourd'hui, avec tout ce que nous savons du passé de l'humanité et dans le contexte hallucinant de notre civilisation technique. Comment croire que toute l'histoire, en admettant que les premiers vestiges de la vie humaine remontent à deux millions d'années ou davantage, que toute l'histoire, avec ses innombrables inventions et la succession de ses empires, avec toutes ses sagesses et toutes ses folies et à travers la multitude infinie des individus qui ont, tour à tour, cru posséder la terre, a réellement son centre et son sens dans le Charpentier de Nazareth ?

La crise du pétrole, d'une manière paradoxale, situe ce problème en pleine actualité. Une guerre locale est devenue soudain, avec une urgence immédiate, une question vitale pour l'économie des peuples les plus développés. Aucune puissance ne paraît capable d'imposer une solution et toutes les astuces des diplomates ne font que rendre plus sensibles l'enchevêtrement d'intérêts contradictoires et l'absence d'un terrain commun, où tous les hommes pourraient se rencontrer sous le signe d'une valeur universellement reconnue.

Tournés vers le dehors comme nous le sommes, dominés par le désir de possession individuelle ou collective dans une économie concurrentielle ordonnée au confort et axée sur le profit, nous sommes absolument incapables de découvrir une telle valeur. Jésus nous apprend qu'elle se trouve au-dedans de nous et qu'elle est Dieu en nous, « plus intime à nous-même que le plus intime de nous-même ». Il nous oriente ainsi vers un Ciel intérieur à nous-même, qui est identique en chacun. C'est en cet Infini qu'il veut nous unir, en nous libérant de tout esprit de possession par la découverte de ce Bien suprême offert totalement à chacun.

S'il poursuit ce dessein, jusqu'à la mort de la Croix, c'est qu'il est lui-même, en personne, ce Bien infini : l'« Emmanuel », Dieu-avec-nous. C'est quand les hommes reconnaîtront qu'ils sont tous ensemble, et chacun au plus intime de soi, les porteurs de Dieu qu'ils formeront enfin une véritable humanité. Alors, ils découvriront avec bonheur que le centre et le sens de l'histoire se situent et se révèlent dans le Charpentier de Nazareth, en qui notre « pouvoir être » s'accomplit réellement dans l'offrande que suscite l'offrande absolue qu'il est : dans l'éternité comme le Verbe du Père, dans le temps comme le Verbe fait chair « pour que la chair devienne Dieu ».

Juin 1973

Table des matières

Du même auteur

Anne Sigier	*Hymne à la joie* *Je est un autre* *Je parlerai à ton cœur* *Morale et Mystique* *Silence, Parole de vie* *Ta Parole comme une source* *Vie, mort, résurrection*
Cerf	*Croyez-vous en l'homme ?* *Notre-Dame de la Sagesse* *La Pierre vivante*
Desclée	*Ouvertures sur le vrai* *Recherche de la personne* *Ton visage, ma lumière*
Desclée de Brouwer	*Dialogue avec la vérité*
Mame / Le Moustier	*Poème de la sainte liturgie (adapté)*
Saint-Augustin	*Avec Dieu dans le quotidien* *Émerveillement et Pauvreté* *L'Évangile intérieur* *La Liberté de la foi* *Quel homme et quel Dieu ?*
Le Sarment / Fayard	*Un autre regard sur l'homme*

Pour toute documentation, ouvrages épuisés, cassettes audio, transcription de cassettes ou disquettes d'enregistrement informatique, ou études sur Maurice Zundel, on peut contacter :

La Fondation Maurice Zundel, à Fribourg (Suisse), 3, ch. du Cardinal Journet, CH-1752, Villars sur Glane.

En France, le père Bernard de Boissière, 42, rue de Grenelle, 75007 Paris, tél. (1) 44.39.46.67, ou encore M. Paul Abela, 52, rue Liancourt, 75014 Paris, tél. (1) 43.22.06.19.

Pour le Canada, sœur Béatrice Héon, 6895, rue Boyer, Montréal (Québec) H2S 2J6, tél. (514) 274-2234.

Sur l'Internet : http://www.total.net/~sigier/zundel.html

AGMV MARQUIS
Québec, Canada
1997